大学生用外语讲好中国故事的理论与实践

曹艳琴　贾梦琦　金培玉　著

东北大学出版社

·沈　阳·

图书在版编目(CIP)数据

大学生用外语讲好中国故事的理论与实践 / 曹艳琴，贾梦琦，金培玉著. -- 沈阳：东北大学出版社，2024. 12. -- ISBN 978-7-5517-3722-7

Ⅰ. G125

中国国家版本馆 CIP 数据核字第 202571TD16 号

出 版 者：东北大学出版社
　　　　　地址：沈阳市和平区文化路三号巷 11 号
　　　　　邮编：110819
　　　　　电话：024-83683655(总编室)
　　　　　　　　024-83687331(营销部)
　　　　　网址：http://press.neu.edu.cn
印 刷 者：辽宁虎驰科技传媒有限公司
发 行 者：东北大学出版社
幅面尺寸：185 mm×260 mm
印　　张：7.75
字　　数：139 千字
出版时间：2024 年 12 月第 1 版
印刷时间：2025 年 1 月第 1 次印刷
责任编辑：薛璐璐
责任校对：项　阳
封面设计：张田田　潘正一
责任出版：初　著

ISBN 978-7-5517-3722-7　　　　　　　　　　定　价：45.00 元

前　言

在当今全球化的时代背景下,文化交流与互鉴已经成为推动世界文明进步的重要力量。作为新时代青年学子,大学生不仅承载着传承中华优秀传统文化的使命,还肩负着在国际舞台上展示真实、立体和全面的中国形象的责任。用外语讲好中国故事,不仅是提升个人跨文化交流能力的有效途径,更是增进国际社会对中国的理解和认同、构建人类命运共同体的重要桥梁之一。

本书从中国故事的概念和价值出发,概述了大学生用外语讲好中国故事应具备的能力与素养,梳理了大学生用外语讲好中国故事的理论基础,并对大学生用外语讲好中国故事的技巧与方法、实践进行了研究与讨论。希望本书的介绍,能够为读者提供大学生用外语讲好中国故事的理论与实践方面的帮助。

本书在撰写过程中,得到了许多专家、学者的帮助和指导,参考了相关的学术文献,在此表示真诚的感谢。本书写作宗旨是为读者提供一部内容系统全面,论述条理清晰、深入浅出,资料翔实丰富的读物。但是,由于笔者水平有限,书中难免会有疏漏之处,希望广大读者及时指正。

著　者
2024 年 10 月

目　　录

第一章　绪　论

第一节　中国故事的基本概念

一、中国故事的特点

(一)文化内涵丰富

中国故事蕴含着丰富的文化内涵,既体现了中华民族的集体智慧和价值追求,也映射出不同历史时期的社会变迁和精神风貌。从纵向的时间维度来看,中国故事经历了从古代神话、历史传说到现当代文学作品的嬗变过程。在这一过程中,每个时期的故事都打上了鲜明的时代烙印,反映了那个时代的主流价值观念和人文情怀。古代神话体现了中华民族对宇宙起源、自然现象的朴素认知和想象;历史传说则塑造了一批叱咤风云、名垂青史的英雄人物形象;现当代文学作品更加关注普通个体的生存境遇和情感世界,展现了丰沛而细腻的人性光辉。从横向的空间维度来看,中国幅员辽阔,各地区在地理环境、风俗习惯等方面存在显著差异,这也造就了中国故事的多样性特征。不同地域的故事往往带有浓郁的乡土气息,展现了独特的地方风情和人文景观。正是这种地域性差异,构成了中国故事的百花齐放、万紫千红,凸显了中华文化的多元一体。

(二)叙事结构独特

中国故事常常采用线性叙事结构,故事情节按照时间顺序依次展开。这种叙事方式简洁明了,符合人们对故事发展脉络的认知习惯。同时,线性叙事有利于突出故事的主题,引导受众聚焦核心情节,加深对故事内涵的理解。与西方故事常见的插叙、倒叙等复杂的时序处理手法相比,中国故事在叙事时间上更加平铺直叙,这既是中华民族思维方式的体现,也符合中国传统美学追求"质朴自然"的审美理念。

中国故事的叙事结构往往具有鲜明的悬念设置。通过设置悬念,故事情节扣人心弦,吸引受众持续关注故事发展。中国古代小说中的"欲扬先抑""卖关子"等叙事技巧,都是为了制造悬念,调动读者的阅读兴趣。例如,《三国演义》中"空城计"的故事情节设置悬念,当诸葛亮手持羽扇、独自站在城楼之上时,读者既好奇又担忧,不知他将如何应对司马懿的大军。直到故事最后揭晓真相,读者才恍然大悟,对诸葛亮的智慧肃然起敬。类似的悬念设置贯穿于众多脍炙人口的中国经典故事之中,成为吸引受众、引发共鸣的重要叙事手段。

此外,中国故事的叙事结构还体现出独特的散文化特征。与西方故事重视情节跌宕起伏、人物性格鲜明不同,中国故事更注重营造意境,渲染氛围。在叙事过程中,作者常常穿插大量优美的散文化语言,通过对环境景物、人物心理的细腻描摹,烘托故事意蕴,引发读者的情感共鸣。以《聊斋志异》为例,蒲松龄在叙述志怪故事时,常常采用优美隽永的散文笔法,将鬼怪之事与真情实感巧妙结合,赋予故事更加丰富的内涵。这种散文化的叙事风格体现了中国传统文学"诗情画意"的审美追求,彰显了独特艺术魅力。

中国故事叙事结构的独特性还体现在象征手法和细节描写的运用上。中国故事创作者善于运用象征这一修辞手法,以具体形象寄托抽象情感,将弦外之音寓于含蓄隽永的笔端。例如,《白蛇传》中白娘子和许仙的爱情故事,实则象征人性解放与封建礼教的对峙。《红楼梦》中大观园的建筑布局,处处体现了作者对理想社会的向往和对现实生活的批判。这些象征性场景与细节不仅渲染了故事氛围,更深化了主题内涵。同时,中国故事注重在细节描写中展现人物性格、烘托故事主题。司马迁在《史记》中记录项羽拔剑斩将的细节,鲜明刻画了这位英雄人物的性格特点。《边城》中翠翠摆渡时哼唱《十八相送》的细节,既交代了时代背景,也表达了女主人公对爱情的憧憬。这些细节看似不经意,实则暗合主题,彰显出中国故事叙事的匠心独运。

(三)价值观的传递

中国故事蕴含的价值观深刻影响着中华民族的精神世界,对于塑造国民性、维系民族认同、传承文明薪火具有重要作用。从个体层面来看,优秀的中国故事可以帮助个人树立正确的世界观、人生观和价值观。许多脍炙人口的历史故事,如岳飞精忠报国、文天祥正气凛然,生动诠释了忠诚、责任、大义等中华传统美德,成为一代代中国人修身立德的指引和楷模。当代中国涌现出的先进典型(如张桂梅扎根大山办教育),更是将胸怀祖国、无私奉献等崇高品质展现得淋漓尽致,引领着社会向上向善的风尚。优秀的中国故事对个体品德的塑造是潜移默化而且深远持久的,能够为受众导航,助力青少年形成正确的世界观、人生观和价值观。

中国故事是中华文明赖以传承的精神纽带。历史悠久的中华文明之所以绵延不绝、薪火相传,很大程度上源于一个个感人至深的民族故事。从女娲补天、精卫填海等神话传说,到岳飞抗金、文天祥就义等英雄史诗,再到焦裕禄、雷锋等楷模故事,一系列脍炙人口的故事将仁爱、正义、奋斗、奉献等民族精神世代相传。这些故事跨越时空,凝结着中华儿女的集体记忆,是维系中华儿女、凝聚民族认同的精神纽带。从古至今,无数仁人志士都是从这些故事中汲取道德力量和信仰支撑,在危难时刻挺身而出、勇担大任。优秀的中国故事因其强大的精神感召力和道德塑造力,历经岁月而弥新,成为中华民族的精神财富。

讲好中国故事有利于增进中外文化交流、提升国家文化软实力。当前,我国综合国力显著增强,民族文化自信空前高涨,但在国际舆论场域,我们的声音还不够洪亮,话语权和影响力有待进一步提升。而生动鲜活的中国故事,无疑是向世界展示中国形象、增进中外相互了解的最佳载体。蕴含着中华文明深厚底蕴的历史故事、反映改革开放伟大成就的当代故事、体现中国人民奋斗精神的典型故事,无不彰显着中国特色、中国风格、中国气派,让世界更好地感知中国、读懂中国。广泛传播中国故事,必将大大提升我国国际话语权和文化软实力,推动构建人类命运共同体。

中国故事的魅力还在于其丰富多元、博大精深的内涵。从家国情怀到天下情怀,从革命精神到改革精神,从普通百姓的烟火人生到先贤伟人的光辉业绩,中国故事跨越古今、纵贯中外,形式多样、底蕴深厚。既有温婉细腻的诗词歌赋,也有荡气回肠的史诗巨著;既有脍炙人口的民间传说,也有发人深省的哲理寓言。这些丰富多彩的故事仿佛一面面镜子,折射出中华民族的精神世界,蕴含着中国人的价值理念、审美情趣和生活智慧。通过不断讲述、诠释、弘扬中国故事,我们可以更好地认识自己、认识中国,增强文化自觉和文化自信。

二、中国故事的构成要素

(一)主题与情节

主题是一部小说、戏剧或者电影的中心思想或主旨,贯穿整个作品始终,体现作者想要表达的观点、情感或思想内涵。精心设计的主题能够增强作品的思想性和艺术感染力,引发读者或观众的思考和共鸣。一部优秀小说往往都有一个鲜明而深刻的主题,如《百年孤独》对孤独、爱情、死亡等永恒主题的探讨,《红楼梦》关于封建礼教对个人命运的压抑和扼杀,《悲惨世界》对人性中善恶斗争的揭示。这些主题提升了作品的思想高度,使其跨越时空而永存。

主题是情节设计和人物塑造的指引。情节是小说故事发展的脉络,由一系列相互关联、因果相承的事件构成。一个引人入胜的情节应当围绕主题展开,推动故事发展、制造悬念和冲突、揭示人物性格,最终达到主题的升华。所谓"结构是塑造主题的良方",情节结构对主题表达至关重要。譬如侦探小说常采用倒叙、插叙等错综复杂的情节结构,通过案件真相的层层剥离,彰显善恶有报的主题;爱情小说常以平行多线索的情节推进,渲染爱情的曲折坎坷,印证"真爱无敌"的主题。可见,情节是表现主题的重要载体。

对白和描写是情节的润滑剂,推动情节发展、烘托主题基调。生动传神的对白能够直接表现人物的性格特点和思想感情,推动情节发展。例如《罗密欧与朱丽叶》中男女主人公的诗意对白,流露出热烈真挚的爱恋之情,成就了古典主义戏剧"理性的狂热"的主题内涵。而细腻入微的心理描写和优美绮丽的环境描写,能够渲染气氛,烘托人物内心世界,以情感人,引发读者共鸣。如《包法利夫人》对女主人公爱玛的心理刻画入木三分,将其在平庸生活与爱情幻想间挣扎彷徨的内心跌宕表现得淋漓尽致,由此深化了作品对资产阶级虚伪道德的批判主题。

此外,人物塑造是贯穿小说始终的主线。无论是现实主义、浪漫主义还是现代主义小说,塑造个性鲜明、丰满立体的人物形象都是作者追求的目标。那些栩栩如生、令人过目难忘的文学形象,如"梁山泊一百单八将""福尔摩斯""安娜·卡列尼娜",无不体现了作家高超的人物塑造艺术。而人物命运的悲欢离合、性格发展的曲折历程,又总是与主题相互交织,相得益彰。通过刻画人物的喜怒哀乐、矛盾挣扎,展现其在困境中的抉择和行动,作家传递了自己对人生、社会、命运的思考,升华了小说的主题。可以说,鲜活的人物形象是主题的艺术化表现,丰富了小说的思想内涵。

(二)人物与角色

人物是中国故事的核心要素之一,他们塑造了故事的灵魂,推动了情节的发展。在中国故事中,人物的刻画往往体现出鲜明的特点:人物形象丰满,个性鲜明。无论是正面人物还是反面人物,都有自己独特的性格特征和行为方式。这种个性化的塑造使得人物形象立体生动,让读者印象深刻。同时,中国故事中的人物往往带有浓郁的民族文化特色。他们身上体现出中华民族的传统美德,如仁爱、忠诚、勇敢、智慧等,展现了中华文化的精髓。这种文化底蕴的融入,使得人物强大的精神感召力,为人们的道德实践提供滋养。

(二)生活场景再现

生活场景的再现是将中国故事与现代生活有机结合的关键。在改编故事时,应深入挖掘原有故事中蕴含的生活细节。这些细节往往反映了特定时代背景下人们的生活方式、价值观念和情感诉求。通过对这些细节的提炼和重塑,可以在保留故事原貌的同时,赋予其新的时代内涵和现实意义。

例如,在改编《朱买臣休妻》这一古代故事时,编者着重刻画朱买臣面对妻子不孕的困境时内心的挣扎和痛苦。在传统社会中,子嗣绵延被视为婚姻的主要功能,不孕往往成为妻子被休弃的理由。然而,朱买臣最终选择了与妻子白头偕老,这种超越传统观念的爱情观在现代社会同样具有启示意义。作品通过生动细腻的心理描写和情节设置,引导读者思考婚姻的真谛,反思传统观念的局限性,从而产生情感共鸣和价值认同。

再如,在改编《岳飞之死》这一历史故事时,编者重点展现岳飞作为一名民族英雄所面临的两难境地。一方面,他忠于国家、勇于抗敌的爱国情操值得后人敬仰和学习;另一方面,他在复杂的政治斗争中坚持原则、不屈从权贵的高尚品格同样弥足珍贵。作品通过对岳飞内心世界的深入剖析,引发读者对个人理想与现实困境、民族大义与家国情怀等问题的思考,从而唤起读者的爱国热情和道德责任感。

事实上,许多优秀中国故事的改编作品之所以广受欢迎,正是因为它们巧妙地将传统与现代生活相融合,才使古老的智慧在当下闪耀光芒。例如,根据《白蛇传》改编的电影《白蛇:缘起》以现代人的视角重新诠释了白娘子和许仙的爱情故事,揭示了人性的善恶矛盾和个体解放的主题,引发了观众的深入思考。又如,根据《三国演义》改编的电视剧《军师联盟》将历史人物置于权谋斗争的复杂背景之中,展现了他们在大是大非面前的抉择和担当,唤起了人们对理想信念和家国情怀的重视。

(三)价值观念对接

在讲述过程中,如何将中国故事与现代生活相结合,使其更加贴近当代受众的价值观念,是一个值得深入探讨的问题。随着社会的不断发展和时代的变迁,人们的价值观念也在不断演变。传统的中国故事虽然蕴含着丰富的文化内涵和道德智慧,但如果不能与现代价值观念进行有效对接,就难以引起当代受众的共鸣。

要实现中国故事与现代价值观念的对接,首先需要深入挖掘中国故事中蕴含的磅礴力量与价值倡导。中华文化博大精深,其中有许多超越时代的思想内核(如仁爱、正义、诚信、勇敢等),这些都是现代社会所推崇的。讲述者应善于发掘这些价值要素,并将其提炼出来,使之成为故事的主线或灵魂。这样,即使故事的外在形式可能略显古朴,但其内在的价值取向却能与现代社会产生共振,从而激发听众的情感共鸣。

大学生应该注重在故事中融入现代元素,使其更加贴近当代生活。这并非是要对原有故事进行简单的改编或者移花接木,而是要在不违背故事原意的基础上,巧妙地将现代生活中的场景、问题、挑战等融入其中。比如,在讲述关于诚信的故事时,可以结合当前社会中诚信缺失的现象,引发听众对诚信价值的反思;在讲述关于勇气的故事时,可以联系现实生活中人们面临的各种困难和挑战,激励听众勇于面对、迎难而上。通过这种方式,故事就不再是一个遥远的传说,而是一面映射现实的镜子,能够引导听众在现实生活中践行美德、坚守信念。

大学生还应注重挖掘中国故事中蕴含的人文情怀,引导听众形成积极向上的价值追求。每个故事都反映一定的人生态度和价值取向,体现了中华民族的精神气质。如《愚公移山》体现了中国人不畏艰难、百折不挠的进取精神,《精卫填海》展现了中国人勇于担当、甘于奉献的崇高品格。大学生应该善于挖掘这些精神内涵,引导听众树立积极进取、奋发有为的人生态度,培养乐观向上、坚韧不拔的意志品质。只有将这些宝贵的精神财富内化为听众的价值追求,故事才能真正发挥润物无声的教化作用,成为滋养心灵、启迪智慧的精神食粮。

第二章　大学生用外语讲好中国故事概述

第一节　大学生必备的外语能力与文化素养

一、外语语言能力要求

（一）听说能力

大学英语教学中，培养学生的听说能力是实现外语交际目标的重要基础。听力和口语作为语言输入和输出的两个关键环节，在语言学习和运用中发挥着至关重要的作用。只有具备了扎实的听说能力，学生才能真正掌握语言这一交际工具，在跨文化交际中自如地表达思想，传递情感。因此，在大学英语教学中，教师应高度重视学生听说能力的培养，采取多种措施提升教学质量。

系统训练是提高学生英语听说能力的关键。教师应在教学中为学生创设真实的语言情境，引导其在实践中运用所学知识。例如，可以组织英语角、英语沙龙等课外活动，为学生提供充足的语言实践机会；又如，可以引入新闻报道、电影视频等真实语料，让学生在浸入式的语言环境中潜移默化地提升听力水平。在口语教学中，教师更应注重学生表达能力的锻炼，鼓励其畅所欲言，克服心理障碍。小组讨论、主题演讲、辩论赛等互动性强的教学活动，都是锻炼学生口语表达的有效途径。

优化教学内容和方法是提升英语听说教学效果的重要举措。传统的英语听说课程往往以语法和词汇教学为主，对语言实际应用的教学比重较少。这种做法难以调动学生学习的积极性，也无法满足其实际的交际需求。因此，教师应根据学生的兴趣和需求，合理设置教学内容，选取贴近生活、富有时代气息的话题材料。同时，教学方法也要不断创新，突破传统的满堂灌模式。任务驱动、项目导向等教学方法能够充分发挥学生的主体作用，激发其探究欲，在完成具体任务的过程中提升语言运用能力。

充分利用现代信息技术，为英语听说能力培养提供有力支撑。随着智能手机、平板电脑等移动终端的普及，学生可以利用碎片时间开展个性化的听说训练。

教师应引导学生使用优质的英语学习 App、在线课程,鼓励其制订个人学习计划,开展自主学习。借助人工智能、大数据等技术,教师还可以为学生提供个性化的学习指导和反馈,帮助其及时发现并克服学习困难。此外,网络平台还能打破时空限制,为学生创造与国内外英语学习者交流的机会。在跨文化交际中,学生能够更直观地感受英语国家的文化风情,提升文化理解和包容能力。

(二)阅读理解

阅读理解是外语学习的重要组成部分,也是大学生用外语讲好中国故事的关键能力之一。从认知心理学的角度来看,阅读理解是一个复杂的心理过程,涉及感知、注意、记忆、思维等多个认知环节。在阅读过程中,读者需要通过视觉感知获取文本信息,并运用注意力机制对信息进行选择和加工。同时,读者还要调动已有知识,对文本内容进行理解和推理,最终形成对文本整体意义的把握。可以说,阅读理解是一个主动构建意义的过程,需要读者积极参与、深入思考。

对于大学生而言,具备扎实的外语阅读理解能力至关重要。一方面,大学生需要通过大量阅读来积累语言知识,拓宽文化视野。只有具备一定的阅读理解能力,才能准确把握外语文本的字面意思和深层含义,领会作者的思想观点和情感态度。另一方面,阅读理解能力也是大学生用外语讲好中国故事的重要基础。当代中国正经历着深刻的经济社会变革,涌现出许多值得世界了解、学习的中国经验和中国智慧。如何用外语生动、准确、全面地向世界介绍中国的发展成就和发展道路,离不开扎实的阅读理解功底。只有通过广泛阅读来了解中外文化的异同,把握中外受众的认知特点,才能找准话语切入点,增强讲述的针对性和有效性。

那么,如何提升大学生的外语阅读理解能力呢? 教师要加强词汇教学,帮助学生夯实语言基础。词汇是语言的基本构成单位,也是阅读理解的基石。教师应当通过多种形式(如词根词缀分析、上下文猜词、语境记忆等),帮助学生掌握词汇的用法和内涵,扩大其词汇量。教师要重视语篇教学,引导学生关注语篇结构和衔接手段。任何一篇文章都有其内在的逻辑结构,如总分总、并列式、因果式等。教师应当明确指出这些结构,揭示段落、句子之间的逻辑关系,帮助学生厘清文章脉络,把握文章中心。要加强文化背景知识教学,拓宽学生知识面。语言与文化密不可分,很多外语表达都凝结着特定的文化内涵。教师应当适时补充相关的文化背景知识,揭示语言背后的文化意蕴,帮助学生透过语言表象看到文化实质。

(三)写作技巧

在全球化的时代背景下,汉语国际教育事业蓬勃发展,越来越多的外国人开始学习汉语,了解中国文化。作为一支生力军,大学生肩负着向世界讲好中国故事、传播好中国声音的重任。要完成这一使命,仅仅具备扎实的外语听说读写能力是远远不够的,还必须掌握得体、高效的写作技巧。唯有如此,才能以鲜活生动的笔触、精准到位的表达,将博大精深的中华文化传递给全世界人民。

从选材角度来看,大学生在用外语讲述中国故事时,要注重选取能够体现中华文化精髓、彰显民族特色的题材。无论是悠久灿烂的历史典故,还是凝聚着民族智慧结晶的诗词歌赋;无论是蕴含着传统美德的人物事迹,还是折射时代发展的社会现象,都可以成为生动鲜活的写作素材。选材的关键在于要审时度势、因地制宜,根据目标受众的文化背景、认知水平、兴趣爱好,有针对性地选取恰如其分的内容。唯有找准切入点、把握兴趣点,才能引起读者的认同和共鸣。

从构思角度来看,大学生在组织写作材料时,要注重先总后分、层次清晰的结构安排。在开篇阐述主题、提出论点后,正文可采取并列式、递进式、对比式等多种方式进行段落展开,详略得当、轻重有致地论述相关内容。在行文中还要适时穿插议论、抒情、描写等多种表达方式,增强文章的文采和感染力。此外,大学生要学会运用第一手资料(如调研数据、典型事例、权威文献等),增强论述的说服力,使行文见事见物、有血有肉,给读者以真切感和信服感。这就要求大学生在平时多留心积累,储备丰富的写作素材。

从语言角度来看,大学生要以准确、得体的外语表述中国故事,关键在于熟稔驾驭词汇和语法。汉语有大量独特的文化词汇,如"侠客""太极""旗袍"等,在翻译成外语时难免遇到词不达意的困扰。对此,可以采取直译加注释、意译、音译加解释等灵活处理方式,力求译文信达雅。同时,汉语语法重意合,英语等西方语言重形合,这就要求写作时结合两种语言的特点,在遵循外语语法规则的同时,又不失母语表达的精髓。借助主题先行、拟人比喻、排比复沓等多种修辞和句式,可以生动展现汉语言文字的韵律美、意蕴美。

二、中华文化素养培养

(一)传统文化知识

中华文化源远流长,博大精深,是中华民族的精神家园和智慧结晶。作为当代大学生,深入了解和传承中华优秀传统文化,对于坚定文化自信,增强民族凝聚力和创造力具有重要意义。在用外语讲好中国故事的过程中,传统文化知识的学习和运用更是不可或缺的重要内容。

传统文化知识是理解中国国情、民情的钥匙。中国幅员辽阔,各地风土人情、生活习俗差异显著。这种差异往往植根于不同地域的历史文化传统之中。比如,南方人喜食米饭,北方人偏好面食,这种饮食习惯的区别实际上反映了南方水稻文化和北方小麦文化的差异。再如,中原地区崇尚儒家文化,讲究"礼义廉耻",而西南地区则深受道教文化影响,追求"清静无为"的生活方式。了解这些传统文化知识,有助于深刻理解不同地域的生活方式和价值观念,更好地认识和把握当代中国社会的多元性特征。

传统文化知识也是解读中国人行为和心理的密码。中国人的许多行为模式和思维方式,都打上了深深的传统文化烙印。比如,中国人讲究"修身齐家治国平天下",认为个人的道德修养是立身处世的基础,因此格外重视德行的培养。再如,中国人强调"仁义礼智信",主张用道德伦理来调节人际关系,而不是简单地诉诸法律手段。这些传统价值观深深影响着中国人的行为选择和判断标准。因此,了解传统文化知识,能够帮助我们更好地解读中国人的行为动机和心理状态,增进人文理解和心理沟通。

(二)现代文化理解

从历史维度看,中国现代文化经历了从传统到现代的转型过程。清末民初,西学东渐,启蒙思想家开始反思传统文化,引进西方文明。五四新文化运动更是掀起了思想解放、文化革新的浪潮,促进了现代文化的萌芽。新中国成立后,社会主义文化建设进入新阶段,现代文化在马克思主义指导下得到进一步发展。改革开放以来,现代文化更是百花齐放、百家争鸣,呈现出前所未有的繁荣景象。这一历史进程昭示我们,只有立足现实、面向未来,在继承中华优秀传统文化的基础上大胆创新,才能推动中国现代文化不断发展进步。

从内容层面看,中国现代文化体现了深厚的爱国主义情怀和改革创新精神。一代代仁人志士为振兴中华而奋斗,思想家、文学家描绘民族复兴的蓝图,科学家殚精竭虑探索科技之路,这些无不凝结着现代知识分子的家国情怀。与此同时,现代文化始终展现着与时俱进的精神风貌。从"百花齐放、百家争鸣"到"古为今用、洋为中用",再到建设社会主义先进文化,创新一直是现代文化发展的不竭动力。大学生应深刻领会现代文化的爱国主义内核和创新品格,用"中国梦·强军梦"鼓舞爱国热情,以创新创造的姿态投身民族复兴事业。

从表现形式看,中国现代文化呈现出多元融合、兼收并蓄的特点。新文化运动以来,现实主义、浪漫主义、现代主义等文艺思潮此起彼伏,西方艺术形式被广泛吸收借鉴。新中国成立后,民族形式和外来形式相互交融,诞生了京剧《红灯记》、交响音乐《黄河大合唱》等经典作品。进入新时代,网络文学、数字文创等新业态蓬勃兴起,国潮文化、二次元文化风靡一时,显示出现代文化强大的生命力和影响力。大学生应以海纳百川的胸襟拥抱多元文化,在融会贯通中升华文化品位,用大众喜闻乐见的方式讲好中国故事。

从世界格局看,随着综合国力不断提升,"文化自信"已成为民族复兴的重要支柱。优秀文化作品、文化产品不断走出国门,中国文化的国际影响力与日俱增。"一带一路"倡议更是为各国文明交流互鉴搭建了广阔平台。大国气派、大国风范在文化领域充分彰显。站在新时代的历史方位,大学生应以文化自信为笃定前行的基石,积极参与国际文化交流,讲好中国故事、传播好中国声音,为构建人类命运共同体贡献青春、智慧和力量。

(三)文化交流能力

文化交流能力是大学生用外语讲好中国故事的重要基石。这种能力不仅涉及语言本身的运用,更包含了对中外文化差异的敏锐洞察,以及在跨文化交际中灵活调适的智慧。培养大学生的文化交流能力,需要在外语教学中融入文化因素,帮助学生了解中外文化的异同,学会用外语表达中国文化的精髓。

在异质文化交流中,语言犹如一座桥梁,沟通着不同文化背景下人们的思维和情感。然而,语言并非文化交流的全部。在积少成多的背后,蕴藏着中国人勤俭节约的传统美德;在静水流深中,折射出西方人热情、直率的性格特征。可见,文化交流能力不仅要求掌握语言形式,更需要理解语言所承载的文化内涵。对大学生而言,提升文化交流能力意味着要在学习外语知识的同时,主动探寻词句背后的文化渊源,在比较中外表达习惯的差异中,领悟语言的文化内核。

培养文化交流能力,还需要在实践中不断打磨跨文化交际的技巧。在与外国人交流时,大学生往往会遇到文化冲突和误解。如直言不讳的表达方式可能会让习惯委婉的中国人感到不适,而过于含蓄的态度也可能被西方人视为缺乏自信。跨文化交际中的这些隐性规则,需要大学生在实践中去体验和领悟。外语课堂应为学生提供更多文化交流的机会(如开展中外文化专题讨论、举办文化体验活动等),引导学生在亲身参与中提升文化交流能力。

第二节　大学生在用外语讲好中国故事中的角色

一、文化传承与传播者

(一)传统文化的外语表达

大学外语教学不仅要注重语言知识和技能的传授,更要重视中华优秀传统文化的融入。通过恰当、得体地使用外语介绍中国的历史、文化、风土人情,大学生能够有效增进受众对中国的了解和认同,促进中外文化交流互鉴。同时,将中华文化元素巧妙融入到外语表达中,也能提升大学生的跨文化交际能力和人文素养。

在用外语讲好中国故事的过程中,大学生需要深入挖掘传统文化的时代价值和现实意义。中华文明源远流长、博大精深,蕴含着丰富的哲学思想、人文精神和道德理念。大学生要善于从传统文化中汲取智慧和力量,将其与当代中国发展实践相结合,用生动鲜活的语言讲述中国的发展成就、治国理念和未来愿景。这不仅能够增强国际社会对中国道路、中国模式的认同,更能彰显中国特色社会主义文化的勃勃生机。

用外语讲好中国故事,还需要创新话语体系和表达方式。大学生要主动学习借鉴国外优秀文化成果,吸收其表达方式和话语策略,用国际社会易于理解和接受的方式阐释中国理念、中国主张。同时,大学生也要善于运用新媒体平台和技术手段,通过短视频、动漫、电子刊物等多种形式,生动形象地展示中国故事,提升中华文化的国际传播力和影响力。

(二)文化交流的桥梁作用

大学生作为中国文化的传承者和传播者,肩负着促进中外文化交流、增进各国人民相互了解和建立友谊的重要使命。在全球化日益深入的今天,跨文化交际能力已经成为大学生必备的素质之一。而用外语讲好中国故事,正是大学生践行这一使命、展示这一能力的重要方式。

讲好中国故事,首先需要深刻理解中华文明的精髓。作为文化传承者,大学生要系统学习中国传统文化,领会其中的智慧和精华,在传承中华优秀传统文化的同时,还要结合时代特点,对传统文化进行创新性转化和创造性发展。只有对本国文化有了全面深入的理解,才能够准确、生动、有说服力地向世界介绍中国文化。

用外语讲好中国故事,不仅要求讲述者具备扎实的外语基本功,更需要跨文化交际能力的加持。不同国家和民族有着不同的历史传统、风俗习惯、思维方式和价值观念,这就要求讲述者在讲述过程中充分考虑受众的文化背景,根据不同受众采取恰当的表达方式,增强讲述的针对性和有效性。同时,还要善于利用对比、类比等方法,通过中外文化的对比分析,帮助外国受众建立起对中国文化的认知框架,更好地理解中国文化的独特魅力。

讲好中国故事,不能只满足于单向的文化输出,更应注重文化交流的互动性。大学生在用外语介绍中国文化的过程中,要虚心学习和借鉴其他国家的优秀文化成果,在交流中不断丰富自己的知识储备,开阔自己的国际视野。只有在平等、互鉴的基础上,才能实现真正的文化交流,增进不同文化背景下人们的相互了解和理解。这也有助于大学生构建起包容、开放、多元的文化价值观,成为名副其实的"世界公民"。

互联网时代为大学生用外语讲好中国故事提供了广阔舞台。大学生应积极利用新媒体平台,创新文化交流的形式和内容。比如,大学生可以制作介绍中国文化的短视频,通过生动形象的视听语言吸引外国网友;又如,大学生可以在国际社交媒体上发布有关中国的最新动态和自己的真实感受,与外国网友进行互动交流。通过这些方式,不仅能扩大中国文化的国际影响力,也能展现一个立体、多元、富有活力的当代中国形象。

二、创新思维的引领者

(一)跨文化创新能力

跨文化创新能力是新时代大学生必备的关键素质之一。在全球化的浪潮中,不同文化之间的交流与碰撞日益频繁,文化差异带来的挑战与机遇并存。大学生作为未来社会的中坚力量,只有具备卓越的跨文化创新能力,才能在多元文化的复杂语境中从容应对,推动中外文化的交融与创新。

跨文化创新能力的培养需要建立在扎实的文化基础之上。大学生应当深入了解中华优秀传统文化的精髓,领会其中蕴含的智慧与价值。同时,要广泛涉猎世界各国的文明成果，以开阔的视野审视不同文化的独特之处。唯有对本土文化和外域文化都有深刻的认知和体悟，才能在比较与反思中领略文化交往的奥妙，激发创新的灵感。

批判性思维是跨文化创新的利器。面对纷繁复杂的文化现象，大学生要善于运用理性的思辨方法，客观分析不同文化的内在逻辑与发展脉络。对于文化交流过程中出现的矛盾与冲突，既不盲从，也不抵触，而是以平和的心态去理解差异的根源，寻求化解矛盾的路径。唯有保持审慎的态度和敏锐的洞察力，才能在不同文化的对话中发现问题，提出富有创见的解决方案。

语言能力是跨文化交流的基石。大学生应当努力提高外语水平，掌握准确、流利、得体的表达方式。语言不仅是信息传递的工具，更承载着文化的内涵。词汇的选择、语法的运用、修辞的方式，无不折射出使用者的文化背景和思维方式。因此，学习语言的过程也是理解文化、感悟文化的过程。语言能力的提升，有助于大学生更好地解读异域文化的精髓，表达中华文化的魅力。

人际交往能力在跨文化创新中也不可或缺。善于与不同文化背景的人进行有效沟通，是大学生跨文化素养的重要表现。这就要求大学生具有宽广的胸怀和强烈的同理心，懂得设身处地为他人着想。在与外国友人的交往中，要学会换位思考，体谅对方的处境和感受。同时，要注重人际交往的艺术，运用得当的口头语言和肢体语言，传递善意，化解分歧。良好的人际交往能力，是跨文化创新的润滑剂，能够营造和谐、包容的文化氛围。

创新意识是跨文化创新的灵魂。大学生要敢于打破思维定式，突破文化藩篱，以海纳百川的气度汲取不同文化的养分。在多元文化的交汇中，善于捕捉灵感的火花，孕育创新的萌芽。无论是在学术探索、社会实践，还是在日常生活中，都要勇于尝试、敢于创造，以创新的姿态去开拓文化交流的新天地。唯有创新意识的激荡，才能推动不同文化的交融与再生，创造出更加丰富多彩的人类文明。

跨文化创新能力的养成，需要在实践中不断锻炼和提高。大学生要主动走出校园，参与各类文化交流活动（如国际学术会议、文化节庆、志愿服务等）。在与不同国家、不同肤色、不同语言人士相处的过程中，切身感受文化差异，体验交流的乐趣，积累创新的经验。同时，还要注重在校园生活中营造多元文化的氛围（如开展外国文化主题活动，组建跨国学生社团），鼓励中外学生的互动交流。在潜移默化中，大学生的跨文化意识和创新能力都会得到提升。

（二）新媒体平台的运用

新媒体的迅猛发展为大学生用外语讲好中国故事提供了前所未有的机遇。以短视频为代表的新媒体平台以其表现形式丰富、传播速度快、互动性强等特点，深受年轻一代的青睐。大学生可以充分借助新媒体平台的优势，用生动活泼的方式向世界展示中国的文化魅力。

与传统媒体相比，新媒体平台更加注重视听语言的综合运用。大学生可以通过制作精美的视频、图文并茂的海报、沉浸式的 VR 体验等多种形式，生动形象地呈现中国故事的内容。这种多模态的表达方式不仅能够吸引受众的注意力，更能加深其对中国文化的理解和认同。同时，新媒体平台的互动功能为大学生与受众之间搭建了直接沟通的桥梁。大学生可以通过评论、私信等方式及时了解受众的反馈，并据此调整内容，提高传播效果。

此外，新媒体平台的跨文化传播属性也为大学生讲好中国故事提供了便利。不同于传统媒体的地域限制，新媒体平台具有覆盖面广、渗透力强的特点，使得中国故事能够触达全球各地的受众。大学生可以根据不同国家和地区的文化特点，有针对性地创作和传播内容，促进中外文化交流互鉴。

大学生要充分发挥新媒体平台的优势，讲好中国故事，还需要不断提升自身的跨文化传播能力。这既包括扎实的外语基本功（如语音、词汇、语法等），也包括对中外文化差异的深入理解和把握。只有深谙中国传统文化的精髓、准确把握外国受众的认知特点，才能创作出兼具文化内涵和国际表现力的优秀作品。

三、中国故事的创新演绎者

（一）故事内容的多元化

大学生用外语讲述中国故事，不仅要突出中华文化的独特魅力，更要体现时代精神和创新意识。这就要求故事内容必须具备多元化特征，既立足于中华文明的深厚积淀，又紧扣时代发展的脉搏，以多样化的视角和方式呈现中国智慧、中国方案、中国贡献。

中华文明源远流长、博大精深，蕴含着丰富多彩的历史典故、文学典籍、哲学思想、艺术瑰宝。从《诗经》《楚辞》的浪漫抒情，到《史记》《资治通鉴》的历史沧桑；从《论语》《道德经》的哲思智慧，到《红楼梦》《西游记》的文学经典；从兵马俑、敦煌壁画的艺术瑰宝,到长城、大运河的伟大工程,这些都是讲好中国故事的宝贵资源。大学生应该从这些璀璨的文化遗产中汲取营养,提炼出能够彰显民族精神、展现文化自信的故事内容。

讲好中国故事绝不能止步于历史的回望,更要立足当下、放眼未来。当代中国正经历着波澜壮阔的发展变革,涌现出许多可歌可泣的时代楷模和感人至深的奋斗故事。从脱贫攻坚的伟大实践,到抗击新型冠状病毒感染疫情的前仆后继;从载人航天、深海探测的科技创新,到互联网、人工智能的数字革命,这些都是新时代中国风貌的生动缩影。大学生要紧跟时代步伐,用国际语言讲述中国奇迹、中国精神,让世界听到更加立体、更加鲜活的中国声音。

(二)叙事方式的现代化

中国故事的叙事方式正经历着从传统到现代的转型。传统的中国故事叙事往往以线性、单一视角的方式展开,注重故事情节的连贯性和完整性,强调故事的教育意义和道德寓意。这种叙事方式虽然简明易懂,但也存在着某些局限性。它难以全面反映生活的复杂性和多样性,也无法充分调动听众的参与感和代入感。

随着时代的发展和受众需求的变化,中国故事叙事方式的现代化转型已经成为必然趋势。现代化的中国故事叙事更加注重多元视角、互动体验和情感共鸣。它打破了传统叙事的线性结构,采用更加灵活、开放的叙事策略(如倒叙、插叙、跳跃式叙述等),营造出错综复杂的叙事时空,引导听众主动探索故事的内在逻辑和情感脉络。同时,现代化叙事还善于运用各种艺术手法(如意象、象征、悬念、反转等)和技术手段,增强故事的感染力和艺术感染力。

值得一提的是,现代化的中国故事叙事更加重视听众的参与感和代入感。它不再将听众视为被动的信息接收者,而是鼓励其积极参与故事的创作和传播过程。通过设置开放式结局、引入角色扮演等互动环节,为听众提供了更多参与故事、体验故事的机会,使其成为故事叙述的主体。这种参与式、沉浸式的叙事体验,不仅增强了故事的吸引力,也让听众在潜移默化中接受故事所传递的价值观念。

此外,现代化的中国故事叙事还注重情感共鸣的塑造。它不再满足于简单的说理和说教,而是致力于在听众心中唤起情感的共鸣和思想的震撼。通过生动细腻的情感描写、深刻隽永的哲理思辨,现代叙事将中国故事的内涵提升到了更高的境界。它不仅让听众在故事中找到自我、感知自我,更激发了听众对生命意义、人生价值的思考和感悟。正是在情感共鸣的基础上,中国故事的现代化叙事实现形象更加丰满和富有吸引力。

中国故事中的人物关系错综复杂,体现出独特的人情味。人物之间的矛盾冲突推动着故事情节的发展,而这些矛盾又往往源于人物之间的亲情、友情、爱情等复杂的情感纠葛。例如,在古典小说《红楼梦》中,贾宝玉与林黛玉、薛宝钗的感情纠葛构成了故事的主线,反映了封建社会中人情世故的复杂性。类似地,在许多民间故事和神话传说中,人物之间的亲情、爱情也是重要的主题。这种人物关系的复杂性增添了故事的吸引力和感染力,能够引发读者的情感共鸣。

中国故事中的人物塑造常常蕴含着深刻的社会意义。通过典型人物的刻画,作者往往寄托了自己对社会现实的思考和批判。例如,在鲁迅的小说《阿Q正传》中,阿Q这一人物形象集中体现了人物性格的种种弊端。通过这一人物,作者深刻揭露和批判了当时的社会现实。类似地,在许多反映现实主题的作品中,正面人物和反面人物的对比,也体现了作者的价值取向和社会理想。这种寓意深刻的人物塑造,赋予了中国故事以深层的社会意义,发人深省。

中国故事中的人物形象还具有鲜明的时代特色。在不同历史时期创作的作品中,人物形象往往反映了那个时代的社会风貌和价值观念。例如,在革命历史题材的作品中,英雄人物身上体现出革命者的坚定信念和奋斗精神;在改革开放以来的作品中,则涌现出许多敢于开拓、追求梦想的新时代人物形象。这些富有时代气息的人物,成为了那个时期的精神象征,映现了中国社会的发展脉络。

(三)环境与背景

环境和背景是塑造中国故事独特魅力的重要元素。它们不仅为故事提供了时空坐标,更蕴含着丰富的文化内涵和审美价值。中国幅员辽阔,地域差异显著,不同的自然景观和人文风情孕育出了各具特色的区域文化。这些区域文化又成为中国故事创作的沃土,赋予故事以鲜明的地域特征和文化底蕴。

从自然环境来看,中国故事充分利用了山川河流、草木花鸟等景象,将故事情节与自然景观巧妙融合。譬如,《林海雪原》以东北林区的苍茫雪景为背景,生动刻画了中国人民解放军的英勇斗争和坚贞品格。又如,《边城》以湘西美丽的沅江风光为舞台,讲述了一段凄美动人的爱情故事。这些经典作品之所以令人难忘,很大程度上得益于其独特的自然环境描写。作者笔下的江河山川不仅是故事发生的地理空间,更是人物情感的映射和寄托,将人与自然完美地交织在一起。

从人文背景来看,中国各地的风土人情、历史传统、价值观念等,都为故事创作提供了丰富的素材和灵感。比如,《骆驼祥子》以20世纪初的北京城为背景,真实再现了老北京的市井生活和底层民众的悲惨命运。祥子的悲剧性遭遇,既源于个人的奋斗无果,又根植于那个动荡黑暗的时代。再如,《白鹿原》以陕西关中地区为背景,通过白鹿两姓子孙三代人的恩怨纠葛,展现了中国农村的道德伦理和风俗人情。小说对宗法、礼教等传统观念的批判,正是源于作者对关中文化的深刻洞察和人性的思考。总之,人文背景赋予故事以鲜明的地域特色和文化内涵,使其更加贴近现实生活,引发读者的情感共鸣。

此外,环境和背景对于中国故事的情感表达和主题升华也有着重要作用。许多优秀作品善于运用环境渲染人物心理,烘托故事氛围。《红楼梦》中大观园的四时景色,既映衬了贾宝玉等人的青春爱恋,也暗示了封建家族的没落衰败。《边城》中小翠和天保的爱情悲剧,也正是在沅江迷人的自然风光中徐徐展开,美丽的环境反衬出人物的悲惨遭遇,引发读者的无限感慨。可以说,恰到好处的环境描写能够深化故事主题,升华作品内涵,令人回味无穷。

三、中国故事与传统文化的关联

(一)传统文化的体现

中国传统文化源远流长、博大精深,其中蕴含着丰富的历史典故、人文精神和价值理念。这些文化元素深深地融入到中国故事的创作之中,成为故事的灵魂和底蕴。从古代神话传说到现代文学作品,从历史演义到武侠小说,传统文化无处不在地渗透其中,塑造了中国故事独特的文化内涵和审美情趣。

传统文化赋予了中国故事鲜明的民族特色和文化品格。中国人自古以来就崇尚"文以载道"的创作理念,将文学创作视为传承文化、弘扬道德的重要载体。因此,中国故事往往蕴含着深刻的哲理、伦理道德观念和人生智慧,体现出中华民族特有的思维方式和价值取向。

中国故事对传统文化的继承和发展具有重要意义。一方面,优秀的中国故事是传统文化的重要载体,它们以生动形象的叙事方式展现了中华文明的精髓,让读者在潜移默化中接受传统文化的熏陶,增强文化认同感和民族自豪感。许多耳熟能详的故事,如《三国演义》《西游记》《红楼梦》等,都已成为中国传统文化的经典符号,在世界文学殿堂中占据了重要地位。另一方面,中国故事也在不断吸收传统文化的滋养,与时俱进地进行创新发展。当代作家们善于从传统文化中汲取营养,将其与现代意识相融合,创作出彰显时代精神、反映社会现实的优秀作品。

这些作品一方面继承了中国故事的文化底蕴,另一方面又赋予了传统文化新的时代内涵,推动了中华文化的创新发展。

中国故事中的文化符号运用也极具特色。无论是经典名著还是现代小说,中国故事总是善于运用一些独特的文化意象、典故来增强表现力和艺术感染力。这些文化符号不仅寄托了作者的情感和思想,也成为中国传统文化的重要表征。例如,莲花象征着圣洁纯净,梅兰竹菊喻指高尚人格,"山重水复疑无路,柳暗花明又一村"道出了特定情境下的心理感悟。这些源自传统文化的意象经过时间的沉淀,已经形成了固定的内涵,具有丰富的文化底蕴和情感寄托。中国故事对这些意象的巧妙运用,增强了作品的表现力和感染力,也让读者在阅读中感悟到传统文化的独特魅力。

(二)文化符号的运用

在中国故事的讲述中,文化符号的运用至关重要。文化符号是中华民族文化精髓的凝结,蕴含着丰富的历史内涵和价值理念。巧妙地运用文化符号,不仅能增强中国故事的文化底蕴和艺术魅力,更能引发听众的情感共鸣,唤起民族自豪感和文化认同感。

文化符号的选择应紧扣中国故事的主题内容。不同类型的故事需要匹配不同的文化符号。历史题材的故事可以借鉴古代典籍、文物、建筑等物质文化遗产,如《史记》、兵马俑、故宫等,营造厚重的历史感;神话传说类的故事则可以采用神兽图腾、吉祥纹样等传统图式(如龙凤呈祥、百鸟朝凤等),渲染梦幻瑰丽的意境;革命题材的故事可以融入红色元素,凸显爱国主义精神;现实题材的故事则可以汲取传统美德、民俗风情等非物质文化遗产(如孝老爱亲、重义守信等),彰显中华民族的道德情操。

文化符号的融入还需要把握分寸,做到与故事情节水乳交融。文化符号的妙用在于,不着痕迹地将其融于故事之中,通过人物塑造、场景描写、语言风格等方面自然体现。比如在人物刻画上,可以赋予主人公传统美德,如诚实守信、吃苦耐劳等;在场景描绘上,可以适当点缀传统建筑、服饰、器物等,营造浓郁的文化氛围;在语言方面,可以适度穿插古诗词、谚语、歇后语等,展现文化底蕴。这样恰到好处的文化符号融合,能让中国故事更加生动感人,引人入胜。

此外,文化符号的选择还应顺应时代发展,与现代审美相契合。当代中国故事已不再局限于历史题材,更多是反映百姓生活、时代变迁。因此,在文化符号的运用中,既要继承优秀传统文化,又要体现时代精神,将传统元素与现代元素巧妙结合。比如,在讲述脱贫攻坚故事时,我们既可以借鉴愚公移山的典故,体现不畏艰险、坚持不懈的精神,又可以融入现代化的农业生产场景,展现农村发展新貌。这种传统与现代的交相辉映,能让文化符号焕发新的生机与活力。

在跨文化传播中,文化符号的解读尤为关键。不同文化背景的受众对同一符号可能有不同理解。因此,在对外讲述中国故事时,既要体现文化自信,又要作好文化阐释,帮助外国听众读懂文化密码。比如,在介绍中国龙的形象时,可以从吉祥物寓意入手,解释龙在中国文化中的正面形象,代表吉祥如意、国泰民安,避免与西方龙的邪恶形象相混淆。又如,在阐释中国的"孝"文化时,可以通过生动的故事和案例,说明它所倡导的不是盲目服从,而是建立在情感基础上的关爱与责任。文化符号的解读拉近了中外民众的心理距离,增进了文化互鉴与理解。

(三)历史传承的影响

中国故事与传统文化的关联深刻而广泛,历史传承对中国故事产生了深远影响。中华五千年文明史孕育了丰富多彩的传统文化,这些文化元素渗透到民间故事、神话传说、历史典籍等各类中国故事中,构成了中国故事的文化底蕴和精神内核。

从起源上看,许多中国故事都植根于远古神话和历史传说。这些故事往往融合了上古先民的宇宙观、价值观和思维方式,蕴含着丰富的文化信息。如创世神话"女娲造人"体现了原始社会劳动创造人类、人定胜天的朴素唯物主义思想;"精卫填海"则塑造了百折不挠、敢于斗争的英雄形象。这些久远的神话传说在代代相传中不断丰富完善,融入更多的文化内涵,最终沉淀为中国故事的宝贵财富。

历朝历代的文人墨客在创作中国故事时,总是有意无意地将传统文化观念融入其中。"忠孝节义""道法自然"等思想无不在潜移默化中影响着作家的立意和笔触。如明代小说《三国演义》深受儒家伦理思想影响,塑造了一批重情重义、舍生取义的典型人物,表达了作者对社会道德理想的追求。又如唐传奇《柳毅传》受道教养生思想启发,讲述了男主人公潜心修道、超脱尘世的故事,反映了中国知识分子的出世理想。正是在这种文化传承中,中国故事获得了更加丰富的思想内涵和艺术魅力。

传统节日习俗和民间信仰也是中国故事的重要文化源泉。许多流传至今的民间故事都与节日习俗密切相关,蕴含着中国传统文化的美好愿景。如"七夕"的牛郎织女故事歌颂了忠贞不渝的爱情,"元宵"的灯谜故事体现了喜庆祥和的节日氛围。这些富有浓郁生活气息的故事既展现了中国人的生活方式和精神世界,也传递了中华民族的价值理念和审美情趣。同时,民间信仰(如妈祖信仰、关公信仰等)催生了大量的神话传说和英雄故事,成为中国故事的重要组成部分。可以说,传统节日习俗和民间信仰的滋养,成就了中国故事的多姿多彩。

在现代语境下,古老的中国故事依然焕发着勃勃生机。一方面,许多优秀的现当代作家从传统故事中汲取营养,以现代视角重新解读和改编经典,赋予其新的时代内涵。另一方面,影视、动漫、游戏等现代文化形式也广泛吸收中国故事元素,以创新的艺术表现手法传播中国文化,受到海内外受众的热烈欢迎。无论是《白蛇传》的现代戏曲演绎,还是《哪吒之魔童降世》的动画电影呈现,都显示出中国故事在新时代焕发的活力与魅力。这证明,源远流长的中国故事完全能够跨越时空,与现代文明对话,焕发出更加夺目的光彩。

第二节　中国故事的价值

一、中国故事的文化传承价值

(一)传统文化的延续

中国故事承载着中华民族的文化基因,是中华文明得以延续和传承的重要载体。在漫长的历史进程中,中国故事以其独特的魅力感染和熏陶着一代又一代中华儿女,塑造了中华民族的价值观念、审美情趣和精神气质。从神话传说到历史典故,从诗词歌赋到戏曲小说,中国故事蕴含着丰富的文化内涵和深刻的哲学智慧,展现了中华民族博大精深的文化底蕴。

中国故事是中华优秀传统文化的重要组成部分,传承着中华民族的思想精华和道德理念。在中国故事中,可以看到"忠孝仁义、礼义廉耻"等传统美德的弘扬,可以感受到"天人合一、道法自然"等哲学思想的启迪,可以领悟到"以和为贵、明哲保身"等处世智慧的指引。这些思想内涵渗透在神话传说、历史故事、诗词歌赋等多种形式的中国故事之中,构成了中华文化的精神内核,滋养了一代又一代中国人的心灵。

中国故事塑造着中华民族的民族精神和价值追求。在不同历史时期,涌现出许多可歌可泣的英雄人物和感人至深的历史故事,如岳飞的精忠报国、文天祥的高风亮节、林则徐的禁烟抗英等。这些故事歌颂了中华民族不畏强暴、奋勇抗争的爱国主义精神,彰显了中华儿女胸怀祖国、舍生取义的高尚情操,表达了中国人民追求民族独立、人民解放的理想信念。英雄人物的事迹和精神感染、鼓舞着后人,成为中华民族宝贵的精神财富。

中国故事还体现着中华民族的审美理想和人文情怀。诗词歌赋、戏曲小说等文学形式的中国故事,以优美的语言、生动的意象、曲折的情节,展现了中国人对自然美、社会美、人性美的深切向往和不懈追求。无论是"咬定青山不放松"的执着坚毅,还是"大江东去浪淘尽"的豪迈激昂;无论是"不以物喜,不以己悲"的达观豁达,还是"先天下之忧而忧,后天下之乐而乐"的忧患意识,都昭示了中华民族崇高的审美境界和博大的人文情怀。

中国故事之所以能够历经千年而不衰,关键在于其始终与中华民族的生存境遇和精神追求紧密相连。一方面,中国故事植根于中国社会的发展进程,反映了不同历史阶段人民群众的喜怒哀乐、冷暖人生;另一方面,中华民族创造和传承故事的过程本身,也是其建构文化认同、凝聚民族意识的过程。正是在创造和传承中国故事的过程中,中华民族形成了独特的文化主线,确立了自身的价值坐标。

在新的历史条件下,继承和弘扬中国故事的优秀传统,对于传承中华文脉、坚定文化自信具有重要意义。一方面,要加强对中国故事的挖掘、整理和研究,深入发掘其中蕴含的思想观念、人文精神和道德理念,推动中华优秀传统文化创造性转化、创新性发展;另一方面,要推动中国故事的当代表达和全球传播,用打动人心的故事展现中国智慧、中国精神、中国价值,增强中华文化的影响力和感召力。只有让中国故事活起来、传下去,中华文明才能在与时俱进中焕发出新的生机与活力。

(二)民族精神的弘扬

中国故事在弘扬民族精神方面具有深远而重要的作用。作为中华民族智慧和情感的结晶,中国故事承载着中华民族的价值观念、审美情趣和人文情怀。它们以生动形象的艺术表现形式,塑造了一个个可亲可敬的英雄人物,那些高尚纯粹的道德典范,为中华儿女树立了学习的榜样,为民族精神的培育和发展提供了丰厚滋养。

中国故事中所蕴含的爱国主义精神,是凝聚民族力量、激励中华儿女奋发进取的强大精神动力。从岳飞、文天祥的"人生自古谁无死,留取丹心照汗青"的爱国情怀,到焦裕禄、孔繁森等新时期优秀共产党员心系群众、无私奉献的高尚品格,无不彰显了中华民族万众一心、克难奋进的爱国主义精神。这些可歌可泣的英雄事迹,鼓舞了一代又一代中国人为祖国的繁荣富强而努力拼搏,成为激励中华儿女奋发向上的精神力量。

同时,中国故事还体现了中华民族崇德向善、诚实守信的传统美德。如黄大年、廖俊波等新时代优秀知识分子心系国家、无私奉献的高尚情操,生动诠释了中华民族"致广大而尽精微"的道德境界和人格力量。这些感人至深的先进事迹,弘扬了社会主义核心价值观,增强了民族的道德自信,引导人们自觉践行社会主义道德规范,推动了社会主义精神文明建设。

此外,中国故事还展现了中华儿女勇于创新、敢为人先的进取精神。从古代指南针问世、发明家蔡伦改进造纸术,到新中国成立以来"两弹一星功勋奖章"获得者邓稼先、钱学森等科学家不畏艰难、攻坚克难的创新实践,无不体现了中华民族自强不息、锐意进取的奋斗精神。一个个鼓舞人心的故事,激发了中华儿女创新创造的热情,汇聚起建设创新型国家、实现中华民族伟大复兴的磅礴力量。

二、中国故事的社会教育意义

(一)社会道德的引导

中国故事中蕴含着丰富的道德理念和价值观念,对于引导社会道德风尚、促进社会主义精神文明建设具有重要意义。中国故事以其生动形象的表现方式,深刻揭示了中华民族的道德追求和价值取向,展现了中华优秀传统美德在现实生活中的积极作用。

中国故事中体现的仁爱、正义、诚信、勤俭等传统美德,是中华民族道德情操的集中体现。这些美德不仅反映了中国人的价值观念,更内化为一代代中国人的行为准则和道德操守。通过讲述和传播蕴含着这些美德的中国故事,能够唤起人们心中向善向上的道德情感,引导人们自觉践行中华传统美德,塑造当代社会文明新风尚。

以"愚公移山"为例,它生动诠释了中国人坚韧不拔、百折不挠的进取精神。故事中,愚公面对群山阻隔的困难,没有退缩和放弃,而是凭借顽强毅力,带领子孙后代披荆斩棘、克服困难,最终感动天帝而将山挪走。这一故事鼓舞了一代代中国人奋发图强、开拓进取,成为中华民族宝贵的精神财富。将这样的故事代代相传,能够激励人们树立远大理想,勇于克服前进道路上的艰难险阻,为实现中华民族伟大复兴而不懈奋斗。

又如"大禹治水",展现了先人为了民族生存与发展,不畏艰险、无私奉献的高尚品格。面对洪水肆虐带来的巨大灾难,大禹以惊人的毅力和非凡的智慧,率领人们同洪水展开顽强斗争,经过 13 年不懈努力,终于将洪水治理成了可以利用的水利资源。这则故事生动刻画了中华民族视民族利益高于一切的崇高情操,弘扬了不计个人得失、勇于担当作为的奉献精神。广泛传颂这样的中国故事,有利于唤起人们心中的家国情怀,激励人们在党和国家事业中奋发有为,以实际行动服务社会、回报人民。

中国故事中还充满着人性真善美的亮光,以真挚动人的情感打动人心,引导人们向上向善。例如,"孟母三迁"展现了母亲为了孩子健康成长不惜付出一切的伟大母爱,"义渡船夫"体现了中国人重义轻利、乐于助人的高尚品德,"焦裕禄同志照亮山乡百姓"的故事则诠释了中国共产党人全心全意为人民服务的崇高理想。这些充满温情和正能量的中国故事,犹如一盏盏明灯,照亮人们前行的道路,滋养着人们心中的真善美,引导着人们不断提升道德境界。

新时代开启新征程,更加需要发挥中国故事的重要作用,用生动鲜活的先进典型事迹和感人至深的道德故事,激发人民群众的精神力量,引导人民群众自觉践行社会主义核心价值观。要推动中国故事创作,发表一批富有时代气息、饱含正能量、深受群众喜爱的优秀作品;要创新中国故事传播方式,充分利用报刊、广播、电视、网络等媒体,扩大中国故事的影响力和感召力;要开展中国故事宣讲活动,通过基层宣讲,让身边的好人好事、凡人善举深入人心。此外,还要注重从日常生活、百姓身边发掘和提炼中国故事,用鲜活的现实题材反映时代风貌,引导人们见贤思齐、向上向善。

(二)公民意识的培养

中国故事蕴含着丰富的思想内涵和道德理念,对于培养公民意识、推进社会主义精神文明建设具有重要意义。从个人修养的角度来看,中国故事所倡导的忠孝仁义、礼义廉耻等传统美德,有助于塑造个人高尚的道德品质。故事中那些重情重义、舍己为人的英雄人物(如岳飞、文天祥等),他们保家卫国、宁死不屈的爱国情操,是当代公民效仿的楷模。他们的事迹激励着一代又一代中华儿女树立起正确的价值观念,培养起高度的社会责任感。

从社会发展维度来看,中国故事所弘扬的以和为贵、协和万邦的处世哲学,有利于构建和谐包容的社会氛围。在故事中,我们常常看到"老吾老以及人之老,幼吾幼以及人之幼"的人文关怀,看到不同族群、不同地域人民和睦相处、携手并进的动人场景。这些生动案例诠释了中华民族"和而不同"的智慧,彰显了海纳百川、有容乃大的文化自信。

从国家治理高度来看,中国故事蕴含的仁政爱民、以民为本等执政理念,对于提升国家治理体系和治理能力现代化水平具有重要启示意义。当前,坚持以人民为中心的发展思想,坚持一切了人民、一切依靠人民,正是对中国故事执政智慧的传承和发展。将这些宝贵的治国经验运用到国家制度和国家治理中,有利于构建起更加成熟更加定型的中国特色社会主义制度体系,推动国家治理体系和治理能力现代化不断取得新进展。

在继承和弘扬中国故事的过程中,既要坚持其思想内核,又要结合时代发展不断赋予其新的内涵。在全媒体时代背景下,既要善于运用现代传播技术推动中国故事的创造性转化和创新性发展;又要注重用国际语言讲好中国故事,使之成为增进中外文化交流互鉴的桥梁纽带;还要主动回应人民群众在新时期对美好生活的需要,用生动鲜活、贴近生活的故事内容吸引受众、感染受众,不断增强中国故事的吸引力、感染力、影响力。

三、中国故事的国际传播作用

(一)文化软实力的提升

讲好中国故事,传播好中国声音,是提升国家文化软实力的重要途径。中国故事作为中华优秀传统文化的重要载体,不仅蕴含着中华民族深厚的文化底蕴,更展现了当代中国改革开放以来在经济、政治、文化、社会等各领域的非凡成就。将中国故事讲深讲透,能够增进国际社会对中国的了解和认同,消除误解和偏见,塑造起可信、可爱、可敬的中国形象。

当前,国际舆论格局正经历深刻变革,国与国之间的交流互鉴更加频繁,讲好中国故事面临着前所未有的机遇。一方面,中国综合国力和国际影响力不断提升,为中国故事走向世界提供了更为广阔的平台。另一方面,国际社会对了解真实、立体、全面的中国的愿望不断增强,渴望倾听更多来自中国的声音。在此背景下,创新对外传播方式,用通俗易懂、生动鲜活的载体讲述中国故事,已成为提升国家文化软实力的关键所在。

值得注意的是,讲好中国故事不能停留在表面,而应深入挖掘其思想内涵和时代价值。每一个动人的中国故事背后,都蕴藏着中华民族的智慧结晶和精神财富。如抗击新型冠状病毒感染疫情的感人事迹,彰显了中华民族同舟共济、守望相助的家国情怀;脱贫攻坚的伟大实践,体现了中国共产党全心全意为人民服务的崇高境界;科技创新的突破性进展,展现了中国人自强不息、锐意进取的奋斗精神。讲述中国故事,就是要深入发掘这些鲜活的时代元素,阐释蕴含其中的思想理念和价值追求,激发国际社会对中国道路、中国精神的认同感和向心力。

讲好中国故事还需要创新表达方式,拓宽传播渠道。在信息时代,新媒体已经成为国际传播的主阵地。通过微博、微信、短视频等新媒体平台,能够将中国故事快速、广泛地传递给全球受众。同时,还要善于运用国际社会喜闻乐见的话语体系和表达方式,用鲜活生动的语言、形象直观的画面、饶有趣味的互动,吸引受众眼球,引发情感共鸣。比如,以短视频的方式展现中国脱贫攻坚的伟大成就,用纪录片的形式讲述中国抗疫的感人故事,都能在润物无声中传递中国声音,提升中国故事的传播力和影响力。

讲好中国故事是一项系统工程,需要形成全社会共同参与、全媒体一起联动的创作和传播格局。各高校和学生团体要把讲好中国故事作为提升国家文化软实力的重要抓手,加强组织领导和政策支持,为讲好中国故事创造良好条件。各类媒体要发挥各自优势,加强内容创新和渠道建设,不断提高中国故事的传播力、引导力、影响力、公信力。大学生要坚持以人民为中心的创作导向,创作更多体现中国精神、凝聚中国力量的优秀作品,并自觉担当民族复兴大任,积极参与中国故事的国际传播。

(二)国际形象的塑造

讲好中国故事,对于树立良好的国家形象,增强中国的文化软实力和国际影响力具有重要意义。在全球化时代,国际社会对中国的认知和评价很大程度上取决于中国自身的形象塑造和话语表达,而生动、鲜活、富有感染力的中国故事,正是展现中国形象、传播中国声音的重要载体。

从文化认同的角度来看,中国故事承载着中华民族的价值理念、审美情趣和精神风貌。通过讲述中国人民的理想信念、奋斗历程、生活状态等,能够拉近不同国家、不同文化背景下人们的心理距离,增进相互了解和认同。优秀的中国故事常常蕴含着家国情怀、人文关怀,能够唤起世界各国人民的情感共鸣,架起中外文化交流的桥梁。

从国家品牌的角度来看,中国故事是塑造国家整体形象的有效途径。一个国家的形象不仅取决于其经济实力、军事力量,更取决于其文化魅力、价值观念等软实力因素。生动的中国故事能够展现中国的发展成就、道德风尚、民生状况等,全面立体地呈现一个文明进步、充满活力的大国形象。这有利于提升中国的国际声誉和美誉度,增强国际社会对中国发展道路和发展模式的认同。

从话语体系的角度来看,讲好中国故事是构建中国国际话语权的迫切需要。长期以来,受西方话语霸权的影响,国际社会对中国的认知存在诸多偏见和误解,而中国故事则为世界提供了认识、解读当代中国的新视角。通过真实、生动的故事,中国人能够更加自信、从容地表达自己的价值主张,阐释中国特色社会主义道路的成功实践,消除国际社会对中国的偏见和疑虑。此外,讲好中国故事还有助于提升中国文化产品的国际竞争力。日常生活蕴含的独特故事,改革开放、脱贫攻坚等伟大实践书写的峥嵘岁月,都是中国故事的富矿。通过影视、文学、动漫等多种艺术形式,将中国故事的内涵精髓提炼出来,既能够丰富世界文化宝库,又能够提升中国产品的文化内涵和艺术价值,在国际市场上赢得广泛赞誉。

第三节 中国故事的选取与改编

一、中国故事选取的原则与标准

(一)文化价值考量

中国故事的文化价值考量是选取故事素材的首要标准。每一个中国故事都蕴含着独特的文化内涵,承载着中华民族的精神追求和价值观念。在选取故事素材时,必须充分考虑其文化价值,挖掘其中所蕴含的思想精华和道德理念,传递正确的价值导向。

中国传统文化博大精深,涵盖了多个思想流派,形成了以仁爱、正义、诚信、勤俭等为核心的价值体系。在选取中国故事时,要优先考虑那些能够体现这些核心价值观的素材,在弘扬中华民族传统美德的同时,阐释深刻的人生哲理。

与此同时,要注重发掘中国故事中蕴含的家国情怀和爱国主义精神。中华民族有着悠久的历史和灿烂的文化,一代又一代仁人志士为民族复兴而奋斗的事迹感天动地,如文天祥"人生自古谁无死,留取丹心照汗青"的浩然正气,林则徐"苟利国家生死以,岂因祸福避趋之"的爱国情操,都是宝贵的精神财富。通过讲述这些英雄人物的事迹,能够唤起青年人的民族自豪感和历史责任感,激励他们肩负起民族复兴的重任。

(二)受众接受度

受众接受度是评估中国故事选取与改编成效的关键指标之一。故事的生命力在于能否引起受众的共鸣,唤起他们的情感反响。因此,在选取中国故事素材时,必须充分考虑目标受众的文化背景、认知水平、审美偏好等因素,选择那些能够触动他们心灵、引发他们思考的故事内容。只有受众乐于接受、喜闻乐见的故事,才能真正发挥传播中华文化、凝聚民族精神的作用。

同时,衡量受众接受度还需要考虑故事改编的艺术性和创新性。单纯照搬原有故事,难以吸引当代受众,尤其是年轻一代的眼球。因此,在故事改编过程中,要善于运用现代叙事技巧,融入新的表现形式,使之焕发出新的生命力。例如,可以将传统故事与当代现实相结合,赋予其新的时代内涵;又如,可以利用多媒体技术、互动体验等手段,增强故事的沉浸感和代入感。唯有不断创新、与时俱进,才能真正提升中国故事的受众接受度,扩大其文化影响力。

当然,在追求创新的同时,也要注重保留中国故事的文化底蕴和价值内核。一味迎合大众口味,生搬硬套西方叙事模式,反而会导致文化认同的迷失。因此,选取和改编中国故事,既要立足本土文化,又要放眼全球视野;既要继承优秀传统,又要紧跟时代脉搏。唯有在"根"与"魂"之间找到平衡,才能讲好既有中国特色又能引起世界共鸣的中国故事。

(三)传播效果评估

从受众反馈的角度来看,传播效果评估需要关注受众对中国故事的理解程度、情感共鸣和价值认同。一个成功的中国故事,能够让不同文化背景的受众准确把握故事所蕴含的中华文化内涵,产生情感上的共鸣和认同。这就要求我们在评估传播效果时,不仅要关注受众对故事情节的理解,而且要重视受众对故事所承载的文化价值的领悟。只有当中国故事所弘扬的中华美德、家国情怀等核心价值被受众所接纳,才能说故事的传播取得了预期效果。

从传播渠道的角度来看,传播效果评估需要考察中国故事在不同媒介平台上的传播情况。在当今多元化的传播格局下,中国故事的传播已不再局限于传统媒体,而是通过网络、社交媒体等新兴平台触达全球受众。因此,全面评估中国故事的传播效果,既要关注其在传统媒体上的覆盖面和影响力,也要重视其在新媒体平台上的传播数据和互动情况。综合分析各类媒介渠道的传播效果,才能准确把握中国故事在跨文化传播中的优势和不足,并对讲述策略进行针对性的调整和优化。

从文化导向功能的角度来看,传播效果评估需要衡量中国故事对受众的价值引领作用。优秀的中国故事不仅为受众提供了解中华文明的窗口,而且应肩负文化导向的重任,引导受众形成正确的世界观、人生观和价值观。在评估传播效果时,要特别关注中国故事是否起到了凝聚人心、鼓舞斗志的作用,是否为受众树立了积极向上、奋发图强的价值标杆。只有当中国故事在潜移默化中影响和塑造了受众的价值追求,其文化导向的功能才能得以彰显。

二、中国故事改编的方法与技巧

(一)语言风格调整

为了让中国故事在跨文化交流中产生更好的效果,合理调整语言风格是一个关键环节。中国故事蕴含着丰富的文化内涵和价值理念,但由于语言和文化差异,直接照搬原文可能会使外国受众难以理解或产生误读。因此,在对外传播中国故事时,需要根据目标受众的文化背景和语言习惯,对原有的表述方式进行必要的调整和改造。

第一,要注重语言的简洁明了。中文表达往往含蓄委婉,善于借助修辞手法营造意境,但这种表达方式放在跨文化语境中,可能会显得晦涩难懂。因此,在改编中国故事时,应尽量选用简单直白的词汇和句式,避免使用过于复杂或文雅的修辞,力求表意清晰、易于理解。同时,要注意控制篇幅,突出故事的核心内容,剔除冗余的细节描写,使故事结构更加紧凑,便于外国受众快速把握要点。

第二,要加强文化背景的阐释。中国故事中往往隐含着深厚的历史渊源和文化底蕴,如果对此不甚了解,就难以真正领会故事的深层内涵。因此,在改编过程中,需要适当补充文化背景知识,帮助外国受众理解故事发生的时代背景、人物的身份地位、事件的社会意义等。当然,这种阐释要把握分寸,不宜过多占用篇幅,应以简明扼要的方式穿插在故事情节中,成为理解故事的"钥匙"。

第三,要突出人物的个性特征。人物是故事的核心要素,生动立体的人物形象是吸引读者的关键。在跨文化语境下,塑造鲜明的人物个性尤为重要。一方面,要通过人物的言行举止、内心独白等细节刻画,使其性格特点更加饱满丰富;另一方面,要赋予人物正确的价值追求,如对真善美的向往、对理想信念的坚守等,从而唤起外国受众的情感共鸣。只有人物形象立起来了,故事才能打动人心。

第四,要兼顾故事的趣味性。好的故事往往寓教于乐,在娱乐中传递思想。因此,在改编中国故事时,要充分发掘其中蕴含的幽默、机智、悬念等趣味元素,通过巧妙的情节设置和语言表达,调动起受众的兴趣。当然,趣味性不能喧宾夺主,要服从于故事的主题,成为吸引受众的"引子"。只有在寓教于乐中潜移默化地传递中国文化的精髓,才能真正打动外国读者,拉近心灵距离。

(二)叙事结构创新

在讲述中国故事的过程中,叙事结构的创新是一个至关重要的环节。传统的中国故事往往采用线性叙事模式,按照时间顺序展开情节,这种模式虽然简单明了,但也容易导致故事情节单一、冲突不足、吸引力下降。为了提升中国故事的感染力和艺术魅力,讲述者需要在叙事结构上进行创新,打破时空限制,灵活运用倒叙、插叙、补叙等多样化的叙事手法,为故事注入新的活力。

叙事结构创新的一个重要方面是对时间线的打破和重组。讲述者可以采用倒叙的方式,从故事的结局开始,逐步揭示事件的来龙去脉,制造悬念,吸引听众。例如,在讲述《三国演义》中关羽被害的故事时,可以先描述关羽被斩首、头颅被送至曹操处的场景,然后再倒叙关羽如何被孙权所骗、如何在麦城被围等前因后果。这种倒叙的手法能够激发听众的好奇心,使其对故事的发展产生强烈的期待。同时,讲述者还可以灵活运用插叙和补叙,在主线叙事中适时穿插一些支线故事或背景信息,丰富故事内容,增强故事的立体感。如在讲述《红楼梦》的故事时,可以适当穿插一些人物故事(如贾宝玉、林黛玉的身世之谜),让故事更加引人入胜。

叙事结构创新的另一个重要方面是对叙事视角的转换和多元化。传统的中国故事大多采用全知视角,由一个无所不知的叙事者来讲述故事,这种视角虽然有利于故事的完整性,但也容易使故事显得平面化。为了增强故事的多维度和丰富性,讲述者可以尝试采用不同人物的视角来展开叙事,通过视角的转换来呈现不同的故事侧面。例如,在讲述《西游记》的故事时,可以从孙悟空、猪八戒、沙僧等不同角色的视角来展现他们的所见所闻、所思所想,使故事更加立体饱满。同时,讲述者还可以尝试采用第一人称、第二人称等多样化的叙事视角,拉近与听众的距离,增强代入感和互动性。

此外,叙事结构创新还体现在对故事节奏的把控和调节上。好的故事应该有起伏跌宕的情节、悬念迭起的冲突、紧张有序的节奏,这需要讲述者在叙事结构上进行精心设计和安排。讲述者可以通过情节的快慢交替、冲突的递进加剧、悬念的适时植入等手法,来调节故事的节奏,使其时而舒缓、时而紧张,牢牢抓住听众的注意力。同时,讲述者还应该注意故事高潮的设置和铺垫,通过层层递进、环环相扣的叙事结构,使故事达到高潮,给听众以强烈的艺术感受。

(三)角色形象塑造

中国故事的改编和创新,需要巧妙地塑造角色形象,才能增强故事的吸引力和感染力。角色是故事的灵魂,鲜活、立体的人物形象能够引发受众的情感共鸣,激发其探索故事内涵的兴趣。因此,在中国故事的改编过程中,角色塑造应受到高度重视。

改编者需要深入挖掘中国故事中人物的内心世界,展现其性格特点和情感需求。传统故事中的人物往往带有鲜明的个性标签(如忠诚、勇敢、智慧等),但这些标签化的特征难以引起当代受众的共鸣。因此,改编者要突破简单化、程式化的人物塑造模式,赋予角色更加丰满、立体的个性。改编者要探究人物行为背后的深层动因,展现其内心的矛盾与挣扎,让观众感受到故事中人物的真实情感。只有角色变得"有血有肉",观众才会对其产生代入感,从而更加关注人物的命运。

改编者要注重人物之间关系的塑造。故事的张力和冲突往往源于人物之间错综复杂的关系。因此,在改编过程中,要着力刻画人物之间的情感纠葛和价值观念的碰撞。例如,在家庭伦理题材的故事中,可以深入探讨父子、夫妻、兄弟等角色之间的情感联结和矛盾。在反映社会问题的故事中,可以通过塑造不同阶层、不同利益群体的代表性人物,展现他们之间的对立与和解。人物关系的合理设置,能够为故事注入强大的戏剧张力,吸引受众的持续关注。

角色塑造要契合当代受众的审美需求和价值取向。随着时代的发展,人们对于英雄人物的理解已经发生了深刻变化。现代社会崇尚个性解放、人性光辉,英雄不再是高高在上、无所不能的完人,而是有血有肉、懂得关爱他人的普通人。因此,在中国故事的改编中,要赋予主角更多人性化、个性化的特点,让其成为引导受众思考人生价值的"精神坐标"。同时,要塑造更多体现时代精神的新型人物,如敢于创新的科技工作者、坚守职业操守的平凡劳动者等,引导人们树立积极向上的价值观。

三、中国故事与现代生活的结合点

(一)现代元素融入

中国故事蕴含着丰富的现代价值,如何在讲述过程中恰当融入现代元素,使之更加贴近当代生活,引起受众共鸣,是一个值得深入探讨的问题。从文化传承的角度来看,中国故事承载着中华民族的集体记忆和精神财富,是中华文明延续发展的重要载体。然而,随着时代的变迁,人们的生活方式、价值观念发生了深刻变化。如果中国故事仍然固守传统表达方式,难以与现代生活建立联系,就可能逐渐失去生命力和感染力。因此,创新性地融入现代元素,使中国故事焕发新的活力,已成为讲好中国故事的关键所在。

第一,融入现代元素的首要任务是在故事内容上实现创新转化。这就要求我们在忠实原典的基础上,结合当代语境和受众特点,对故事情节、人物形象进行合理改编。例如,在讲述传统英雄故事时,可以突出英雄人物的现代品格,使之成为新时代榜样。又如,在改编民间故事时,可以适当融入现代生活场景和问题,引发受众对现实生活的思考。通过创新内容,中国故事才能与现代生活产生共鸣,彰显永恒的人文价值。

第二,融入现代元素还需要创新表达方式和传播渠道。随着信息技术的迅猛发展,人们的阅读习惯和接受方式发生了巨大变化。因此,在讲述中国故事时,应积极运用现代传播技术和艺术形式,提升故事的表现力和感染力。例如,可以利用数字化手段,将中国故事制作成动画、漫画、游戏等形式,吸引年轻一代的关注;又如,可以通过社交媒体、短视频平台等新兴渠道,扩大中国故事的传播范围和影响力。唯有与时俱进,创新表达方式,中国故事才能在现代传播语境中焕发勃勃生机。

第三,融入现代元素还要注重与当代价值观念的对接。中国故事蕴含的传统美德、人文精神,与社会主义核心价值观具有内在契合性。在讲述过程中,应充分挖掘中国故事的思想内涵,将其与当代价值观念相结合,使之成为弘扬主流价值、引领社会风尚的重要载体。例如,在讲述家国情怀的故事时,可以突出个人与国家、小我与大我的辩证关系,彰显以国家利益为重的爱国主义精神;又如,在讲述人物奋斗的故事时,可以强调艰苦奋斗、自强不息的进取精神,激励人们在新时代踔厉奋发、勇毅前行。只有通过与当代价值观念的深度对接,中国故事才能产生了内容的升华和听众灵魂的触动。

四、社会责任与使命担当

(一)全球视野的培养

全球视野的培养是大学生用外语讲好中国故事的重要基础。在当今日益全球化的时代,国家之间的交流与合作日益频繁,文化的交融与碰撞也愈发深入。作为中华文化的传承者和弘扬者,大学生肩负着向世界展示中国、讲好中国故事的重任。而要真正讲好中国故事,必须具备开阔的全球视野,深入了解世界各国的历史文化、社会制度、发展现状,以及人类面临的共同挑战。唯有如此,才能站在人类命运共同体的高度,用全球视野审视中国的发展,用世界语言讲好中国的故事。

培养全球视野,首先要求大学生具备扎实的专业知识和语言技能。语言是文化的载体,也是交流的桥梁。大学生只有具备深厚的中华文化素养和精湛的外语技能,才能用准确、生动、富有感染力的方式向世界传播好中国声音。因此,高校要加强外语教学,提升大学生的语言应用能力。同时,还要注重文化素质教育,引导学生深入理解中华优秀传统文化的内涵,增强文化自信。只有根植于民族文化沃土,大学生才能在世界舞台上展现中国智慧、讲好中国故事。

培养全球视野需要拓宽大学生的国际化体验。高校应积极创造条件,为学生提供更多海外学习、实习、交流的机会。通过亲身体验异国文化,学生能够直观地感受不同国家的风土人情,了解不同文明的发展脉络,从而建立起多元包容的世界观。同时,在与来自不同国家、不同文化背景的人交流互动的过程中,学生的跨文化交际能力也能得到锻炼和提升。这种宝贵的国际化体验,将成为大学生用外语讲好中国故事的重要资源。

培养全球视野还要引导大学生关注全球性问题,践行人类命运共同体理念。当今世界,和平发展、合作共赢已经成为不可阻挡的时代潮流。作为负责任的大国,中国积极参与全球治理,为解决人类面临的共同挑战贡献中国智慧和中国方案。大学生作为国家的未来和希望,更应该胸怀天下,勇于担当。高校要引导学生立足中国、放眼世界,主动了解和思考人类社会发展中的重大议题,在参与志愿服务、公益活动等社会实践中贡献青春力量。在这一过程中,大学生将进一步增强使命感和责任感,树立起共建人类命运共同体的全球意识。

（二）文化自信的传播

大学生作为中华文化的传承者和弘扬者，肩负着讲好中国故事、传播好中国声音的时代重任。在全球化浪潮席卷的今天，文化自信已经成为一个国家、一个民族屹立于世界民族之林的重要标志。大学生正是这种文化自信的重要践行者和传播者。

通过用外语讲述中国故事，大学生能够向世界展示博大精深的中华文明，展现中国改革开放以来取得的辉煌成就，传递中国人民对美好生活的向往和追求。这不仅有助于提升中国文化的国际影响力，增强国家文化软实力，更能彰显当代大学生的家国情怀和使命担当。

讲好中国故事，首先需要大学生深入了解中华优秀传统文化的精髓，领悟其中蕴含的智慧和价值。只有扎根于中华文化的沃土，大学生才能真正成为中华文化的自觉传承者和弘扬者。同时，大学生应该关注中国的现实国情，了解中国特色社会主义道路的探索历程，感悟中国共产党领导下的中国特色社会主义制度的优越性。只有将历史与现实相结合，传统与现代相融合，大学生讲述的中国故事才能更加立体、鲜活、有说服力。

用外语讲好中国故事，不仅考验大学生的语言能力，更考验其跨文化交际能力。不同国家、不同民族有着不同的历史文化背景、价值观念和思维方式。如何在尊重差异的基础上找到文化的共通点，用国外受众听得懂、能接受的方式讲述中国故事，是摆在每一名大学生面前的现实挑战。这就要求大学生在学好外语的同时，广泛涉猎世界优秀文化，增强文化敏感性和包容性，在交流中寻求认同、达成共识。只有这样，大学生才能真正成为中外文化交流的使者，在国际舞台上展现青年一代的风采。

讲好中国故事，既要继承优秀传统文化，又要面向现代社会生活，创新表达方式。在新媒体时代，短视频、微博、播客等数字化的传播方式为讲述中国故事提供了新的平台和可能。大学生应该积极拥抱新技术、新媒体，用国外受众喜闻乐见的形式创新性地展现中国的历史文化和发展成就。比如，通过制作英文微纪录片展现中国脱贫攻坚的伟大实践，通过开设双语播客讲述中国青年追梦逐梦的感人故事，通过新媒体平台传播疫情防控中的中国力量、中国担当。只有创新表达方式，用鲜活的故事打动人心，才能让中国故事"声入人心"，产生广泛而持久的国际影响力。

第三章　大学生用外语讲好中国故事的理论基础

第一节　叙事学理论

一、叙事学的基本概念与原理

(一)叙事学的基本概念

叙事学是一门探讨故事叙述的艺术和技巧的学科,它综合运用文学、语言学、人类学、心理学等多学科理论,研究叙事文本的结构、类型、风格、主题以及叙事活动的社会文化意义。作为一种基本的表意方式和认知模式,叙事无所不在,渗透于人类生活的方方面面。人们通过讲述和倾听故事来理解自我、他人和世界,建构个人和群体的身份认同。因此,叙事学的研究对象不仅包括文学作品,还涵盖日常口述、历史记载、新闻报道等各类叙事文本和叙事实践。

从学科起源来看,叙事学肇始于 20 世纪 60 年代法国结构主义叙事学的兴起。以罗兰·巴特、格雷马斯等为代表的结构主义叙事学家借鉴语言学理论,将叙事视为一种符号系统,关注叙事的深层结构和普遍规律。他们运用二元对立、矩阵生成等概念和方法,分析人物、情节、视角等叙事要素之间的逻辑关系,力图揭示叙事的内在机制。这一阶段的叙事研究具有鲜明的理论取向,为叙事学奠定了坚实的学科基础。

进入 20 世纪 80 年代,随着后经典叙事学的发展,叙事研究逐渐突破结构主义的局限,呈现出多元化的趋势。米克·巴尔、杰拉德·普林斯等学者在继承经典理论的基础上,更加重视叙事的语境依存性和动态生成性,强调读者接受和阐释在叙事意义构建中的作用。与此同时,社会学、人类学、心理学等学科也开始引入叙事的视角,探讨叙事在个体发展、群体互动、文化传承中的功能,使叙事研究进一步拓展到社会文化语境之中。

(二)叙事学的核心原理

叙事学的核心原理是研究故事的结构、功能和意义。它探究故事如何被讲述,讲述者如何组织故事情节,运用何种叙事技巧,以及故事如何影响受众的认知、情感和行为。叙事学认为,故事不仅仅是一种艺术形式或娱乐方式,更是人类认识世界、传递价值观念、构建自我认同的重要途径。

叙事学的一个重要原理是关注故事的深层结构。法国结构主义叙事学家格雷马斯提出,所有的故事都遵循一个基本的结构模式,即"施动者－对象"模式。在这个模式中,施动者追求某个对象(可以是具体的人或物,也可以是抽象的目标),在追求过程中遭遇帮手和对手,经历一系列曲折后最终实现(或未实现)目标。这个模式揭示了故事情节的逻辑运作机制,为分析故事提供了一个普遍适用的框架。

同时,叙事学强调故事讲述的语境和讲述者的主体性。任何故事都是在特定的社会文化语境中被讲述出来的,都打上了讲述者自身的烙印。讲述者的身份、立场、价值观念都会影响到故事的内容和形式。因此,分析一个故事,不能脱离其产生的语境,不能忽视讲述者的主体介入。著名叙事学家巴赫金指出,故事从来都不是中立的,而是充满了复调的声音,体现了不同社会群体的意识形态。

叙事学还关注故事对受众的影响和塑造作用。德国叙事学家尧斯提出"期待视野"的概念,认为读者对作品的理解和接受,始终受到其既有经验、知识储备和审美趣味的影响。同时,作品本身在不断地改变和拓展读者的期待视野。美国学者布鲁纳则强调,故事是人类理解世界的基本方式。人们通过听故事、讲故事来感知生活,形成对自我、他人和世界的认知。故事塑造了人们的思维方式和价值取向。

二、叙事结构与分析方法

(一)叙事结构的类型

叙事结构作为故事讲述的基础框架,对塑造人物形象、推动情节发展、传递主题思想都发挥着关键作用。根据叙事学理论,叙事结构可以分为线性结构、非线性结构、框架式结构等多种类型,每种结构都有其独特的艺术魅力和表现功能。

线性结构是最常见、最传统的叙事方式,它按照故事发生的时间顺序,以因果关系为逻辑链条,层层推进,直至高潮和结局。这种结构简单明了,容易理解和接受,特别适合表现人物成长、心理变化的过程,刻画其性格特点的形成和发展。许多经典的成长小说和传记体文学作品,如《简·爱》《呼啸山庄》《父与子》等,都采用了线性叙事结构。通过主人公生命历程中一个个具有转折意义的事件,读者看到了人物的成长轨迹和心路历程,领悟了人生的真谛和哲理。

与线性结构相对,非线性结构打破了时间和空间的限制,采用插叙、倒叙、预叙等手法,自由穿梭于过去、现在、未来之间,展现人物的内心世界和复杂情感。这种结构富于变化和悬念,能够制造跌宕起伏的阅读体验,引发读者的好奇心和思考欲望。同时,非线性结构更能体现现代人的心理状态和精神困境,表达对理性思维的质疑和对人性的探索。福克纳的《喧哗与骚动》、马尔克斯的《百年孤独》等文学巨著,正是运用非线性叙事结构,展现了人类困顿的生存境遇和曲折的心路历程,发人深省。

框架式结构则以一个总体框架为基础,在此框架内设置多条支线,通过不同视角的交替和补充,全面展现人物、事件的多个侧面。这种结构宛如一幅立体多维的画卷,信息量大,容量广,能够反映生活的复杂性和多样性。同时,框架式结构也便于安排多组人物,刻画群像,展现不同的命运和遭遇。曹雪芹的《红楼梦》堪称框架式结构的典范。作者以贾、史、王、薛四大家族的兴衰为主线,将众多人物的故事熔于一炉,勾勒出一幅波澜壮阔的社会生活画卷。

(二)叙事分析的步骤

叙事分析是研究叙事文本的重要方法,它可以帮助人们深入理解叙事作品的内在结构和意义。进行叙事分析通常需要遵循一定的步骤,以确保分析的严谨性和全面性。

要明确叙事分析的目的和对象。大学生需要根据研究问题,确定分析的重点是叙事的内容、形式还是语境。同时,要选择合适的叙事文本作为分析对象(如小说、电影、口述历史等)。明确分析目的和对象,可以为后续的分析工作提供明确的方向。

要对叙事文本进行细读和梳理。大学生需要通过反复阅读,深入理解叙事作品的情节、人物、环境描写等内容,梳理叙事的线索和脉络。在此基础上,可以提炼出叙事的基本单元(如事件、场景、人物对话等),为更深入的分析奠定基础。

要运用叙事学的理论和方法对提炼出的叙事单元进行分析。大学生可以从多个维度入手,如考察叙事的时间顺序、因果逻辑、人物塑造、叙述视角等,分析叙事单元之间的关系和作用。同时,可以借鉴其他学科的理论(如文学理论、心理学、社会学等),从更宽泛的视角解读叙事作品的深层意蕴。在分析过程中,需要紧扣文本细节,以论据支撑观点,确保分析的严谨性。

不同的叙事声音能够多角度、多层次地展现人物的性格特点和内心世界。或褒扬或贬抑的叙事声音态度,直接影响着读者对人物的认知和评价。叙事声音在渲染情感氛围方面也有独到之处。抒情性的叙事声音常常饱含感情色彩,将叙事者的喜怒哀乐、悲欢离合传递给读者,营造出浓郁的情感氛围。叙事声音还肩负着引导读者接受的功能。或隐或显的叙事声音评论,往往体现了叙事者的价值观念,对读者产生潜移默化的影响,引导其接受作品所倡导的思想内容。由此可见,叙事声音以其独特的艺术魅力,在塑造人物、渲染情感、引导读者等方面发挥着不可替代的作用。

值得注意的是,叙事声音在不同类型的叙事文本中也有着不同的呈现方式。在历史传记类作品中,叙事声音往往力求客观中立,秉持实事求是的原则,忠实地再现历史人物的生平事迹。而在抒情小说中,叙事声音则充满了感性色彩,或沉郁悲凉,或热烈奔放,抒发其内心真挚的情感。在侦探推理小说中,叙事声音常常设置悬念,制造疑点,引发读者的好奇心和探究欲。可见,叙事声音与文本类型密切相关,不同的叙事声音策略能够创造出独特的审美效果。

总之,叙事声音以其多样性、独特性和功能性的特征,在叙事文本创作和鉴赏中占据着重要地位。作为叙事学研究的核心概念,叙事声音为人们分析故事背后的讲述者提供了全新视角。在当前语境下,深入剖析叙事声音的特征,对于提升叙事文本解读和创作的能力具有重要意义。只有充分认识并运用好叙事声音的艺术表现力,才能创造出感人心弦、引人入胜的叙事作品。这既是创作者的不懈追求,也是广大读者的殷切期待。随着叙事学理论的不断发展,叙事声音研究必将迎来更加深入、系统的探索,为人们展现更加丰富多元的叙事艺术奥秘。

四、叙事时间与叙事空间

(一)叙事时间的表现形式

叙事时间是叙事学研究的重要维度之一,它关注故事中时间的组织和呈现方式。在叙事文本中,时间并非总是按照线性、连续的方式展开的,而是呈现出多样化的表现形式。这些多元的时间表现形式为叙事文本增添了丰富的艺术感染力,也为读者理解故事、把握主题提供了重要线索。

叙事时间的表现形式主要包括时间顺序、时间跨度、时间频率等方面。

在时间顺序方面,叙事文本可以采用顺序、倒叙、插叙等手法,灵活调度故事情节的铺陈。顺序叙述按照事件发生的先后顺序展开,符合人们对时间的常规认知,易于理解和接受。倒叙则打破了事件的因果链条,先交代结果,再回溯原因,常用于制造悬念、引发好奇。插叙是在主线叙事中穿插回忆、预示等内容,能够丰富故事信息,加深读者对人物、事件的理解。三种叙事顺序的恰当组合运用,可以使叙事生动曲折,引人入胜。

在时间跨度方面,叙事可以采用省略、概述、详写等手法,调节叙事节奏。省略是对某些事件或时间段的有意删略,跳过冗长琐碎或无关紧要的细节,使叙事主题更加凸显。概述是对一定时间范围内发生的事件简要概括,描述其轮廓和走向,有助于读者把握故事全局。详写则对关键事件进行细致刻画,渲染氛围,烘托人物情感。通过对叙事时间跨度的伸缩变换,大学生可以灵活掌握叙事视点,引导读者聚焦故事主旨。

在时间频率方面,叙事可以采用单一叙述、重复叙述、多线叙述等方式,营造不同的艺术效果。单一叙述即对同一事件只叙述一次,强调时间和情节的统一性,易于把握事件的因果逻辑。重复叙述是对同一事件的反复描述,每次侧重不同的细节或视角,能够加深读者印象,引发新的思考。多线叙述是对几组事件交替进行描述,表现时空的交错和断裂,制造悬疑,吸引读者探究事件背后的关联。不同的时间频率选择,能够调动读者参与叙事的积极性,催生丰富的阅读体验。

叙事时间的灵活运用,不仅能够增强故事情节的吸引力,也能深化主题意蕴的表达。时间顺序的巧妙安排,能够揭示事件错综复杂的因果逻辑,引发读者对人生境遇的思索。时间跨度的伸缩变化,能够突出情节发展的关键节点,展现人性的光辉或幽暗。时间频率的多样选择,能够营造时空交错的独特韵味,引领读者探寻内心的矛盾与挣扎。因此,深入分析叙事时间的表现形式及其艺术效果,对于提升文学阅读和写作的能力具有重要意义。

叙事时间的把握和运用是一门高深的艺术。优秀的叙事作品往往能够灵活调度时间元素,将顺承和倒错、详略和疏密、单一和交错巧妙结合,构建出引人入胜的故事情节,释放出震撼人心的思想力量。作为读者,要善于分析叙事时间的多样表现,体味其中蕴藏的叙事策略和艺术魅力。作为写作者,要学会运用丰富的时间手法,增强故事的吸引力,提升表达的感染力。唯其如此,方能讲好引人入胜的故事,传递深刻动人的主题。叙事时间作为叙事学的核心范畴,其表现形式的探究对于丰富叙事理论、指导叙事实践,具有重要的理论价值和现实意义。

(二)叙事空间的构建方式

叙事空间作为故事中不可或缺的要素,对塑造人物形象、渲染情感氛围、推动情节发展具有重要作用。在叙事文本中,叙事空间的构建方式多种多样,既有物理空间的描绘,也有心理空间的刻画;既有现实空间的再现,也有虚构空间的创造。无论采用哪种方式,叙事空间都与叙事主题、人物命运紧密相连,蕴含着丰富的文化内涵和审美价值。

从物理空间的角度看,大学生往往通过细致入微的环境描写来构建叙事空间。这种空间具有鲜明的地域特征和时代印记,能够为故事提供一个真实可信的背景。同时,物理空间的布置能表达大学生的情感倾向和价值取向。例如,在许多现实主义小说中,大学生对底层人物生存环境的刻画往往带有同情和批判色彩,体现了他们对社会不平等现象的关切。而在一些浪漫主义作品中,大学生笔下的自然景观则充满了诗意和神秘感,表达了他们对美好事物的向往和追求。

与物理空间相比,心理空间更注重人物内心世界的展现。在这里,大学生不再局限于外部环境的描绘,而是着力刻画人物的思想感情和精神状态。通过对人物回忆、想象、梦境等主观体验的描写,构建一个与现实空间平行却又有所区别的心理空间。这种空间弥漫着浓郁的情感色彩,能够引发读者的共鸣和思考。例如,在意识流小说中,大学生往往通过主人公杂乱无章的内心独白来反映其复杂的心理状态,从而建构起一个支离破碎却又真实感人的心理空间。

叙事空间的构建还体现在虚构与现实的双重维度上。一方面,大学生依据生活经验和文学想象力虚构出种种奇特的空间形式,如科幻小说中的异星球、魔幻小说中的神秘国度等。这些空间超越了现实的局限,体现了创造力和想象力。另一方面,大学生又善于在虚构的基础上融入现实元素,使得叙事空间具有了一定的现实指涉。这种虚实结合的方式既满足了读者对新奇事物的好奇心理,又引发了他们对现实问题的思考。

事实上,叙事空间的独特构建方式还成就了众多经典的标志性意象。这些意象凝聚了文化价值和审美追求,产生了深远而持久的影响。如科尔特斯在《孤独征服者》中为哥伦布赋予的新大陆意象,既启发了人们对未知世界的向往和探索,又促进了不同文化间的交流和碰撞。又如卡尔维诺在《看不见的城市》中对种种虚构城市的想象,则体现了对城市文明的反思和对人性困境的思索。这些跨越时空的经典意象,无不源于在叙事空间构建上的匠心独具。

五、叙事学在讲好中国故事中的应用

(一)叙事学在文化传播中的作用

叙事学为文化传播提供了重要的理论支撑和实践指导。在全球化的时代背景下,文化传播已经成为国家软实力竞争的重要领域。而叙事学以其独特的视角和方法,为我们理解不同文化的内涵,把握文化交流的规律,提供了富有洞见的思路。

从本体论的角度看,叙事学揭示了文化传播的基本单元是"故事"。每一个民族、每一种文化,都拥有自己独特的故事体系。这些故事承载着该文化的历史记忆、价值理念、审美情趣和行为方式,构成了文化认同的基石。因此,讲好本国故事,传播好本国声音,是文化传播的逻辑起点。叙事学为人们理解和把握不同文化的故事提供了系统的理论框架。通过分析故事的叙事结构、叙事视角、叙事时间等要素,人们能够更加全面、更加立体地认识一种文化的精神内核。

从认识论的角度看,叙事学为文化传播提供了独特的分析路径。传统的文化研究往往注重对文化现象的静态描述,而忽视了文化在传播过程中的动态建构。而叙事学恰恰强调文化是在不断讲述、传播、阅读的过程中生成意义的。每一次跨文化讲述,都是一次新的阐释,一次新的对话。因此,文化传播的关键不仅在于讲述什么,更在于如何讲述。运用叙事学的方法,分析不同文化语境下的叙事策略,能够帮助人们找到文化译介的最佳路径,实现文化内涵的有效传递。

从实践论的角度看,叙事学为文化传播实践提供了丰富的理论资源。叙事学为文化产品的创作提供了重要启示。无论是影视剧、文学作品,还是新闻报道,讲好故事都是其立足之本。运用叙事学理论优化故事的情节结构,丰富故事的人物形象,能够极大提升文化产品的感染力。叙事学还为文化项目的策划提供了行之有效的思路。通过挖掘本土文化资源中的"好故事",再现地域文化的独特魅力,能够打造极具吸引力的文化品牌。此外,叙事学还为文化外交实践提供了重要参考。讲好中国故事,塑造可信、可爱、可敬的中国形象,离不开对中国文化的深度阐释,而叙事学无疑是释读中国优秀传统文化的钥匙。

(二)叙事学在国际交流中的应用

叙事学在国际交流中有着广泛的应用价值和实践意义。随着全球化进程的不断深入,国家间的交往日益频繁,文化间的对话更加紧密。在这样的背景下,如何有效地开展国际交流,增进不同国家、不同文化环境中人们的相互理解,已经成为一个重要的现实课题。叙事学为解决这一问题提供了重要启示和有益借鉴。

从本质上说,叙事是人类表达经验、传递情感、构建认同的基本方式。每个民族都有自己独特的历史记忆和文化传统,都以叙述的形态储存和传承。在跨文化交流中,讲述本民族的故事,分享彼此的叙事,是增进相互了解、达成情感共鸣的有效途径。叙事学对故事讲述的模式、策略进行了系统研究,对不同文化语境下叙述的生成、流通、接受作出了理论阐释。这些研究成果可以直接指导国际交流实践,帮助人们更好地塑造和传播本国故事,同时也能更全面地理解和欣赏他国叙事。

具体来说,运用叙事学理论,可以在国际交流中实现三方面的积极效果。叙事学为讲好本国故事提供了方法论指导。通过对本民族历史文化叙述的梳理和提炼,选取最能体现本国特色、最能引起他国共鸣的叙事要素,运用合适的叙事策略进行表达和传播,能够更有效地塑造国家形象,提升国际影响力。叙事学有助于增强对他国叙事的解读能力。在国际交往中,深入了解他国的叙事传统,把握其叙事结构和文化内涵,对于准确解读对方的言语行为,把握对方的思维方式,避免误解和冲突具有重要作用。再者,叙事学为国际交流与创新提供了思路。将不同国家的叙事进行对比、拼接、重塑,能够创造出新的叙事样式和表达方式,拓展国际交流的内容和形式,增强交流活动的吸引力和感染力。

事实上,叙事学已经在国际交流的诸多领域得到了积极运用。比如,国家形象宣传中,许多国家都充分利用叙事学原理,通过微视频、短视频等新媒体叙述,讲述国家发展故事,展现人文风貌,传播当代价值理念,赢得了良好的传播效果。再如,国际组织的运作中,叙事学被广泛应用于构建机构叙事、凝聚共同价值追求。联合国可持续发展目标的设计、宣传、推进过程,就充分运用了叙事学的思路和方法,通过一系列生动感人的故事,引导各国民众形成情感共鸣,唤起责任意识和参与热情,为全球合作注入了动力。

第二节　传播学理论

一、传播学的基本理论与模式

(一)传播学的定义

传播学作为一门研究信息传播过程和效果的学科,其内涵十分丰富。从广义上讲,传播学涉及人类社会信息交流的方方面面,包括人际传播、组织传播、大众传播等多个层次。从学科建设的角度来看,传播学则主要关注传播过程中信息的产生、传递、接收和反馈等环节,以及由此产生的社会效果和影响。

(二)传播模式分类

传播模式是传播学研究的核心内容之一,它从不同角度揭示了信息传播的基本规律和特点。随着传播技术的不断进步和社会环境的变迁,传播模式也呈现出多样化的发展趋势。总体来看,传播模式可以分为线性模式、互动模式和网络模式三大类。

线性模式是传统大众传播研究的主导模式,其代表性理论包括拉斯韦尔的"五W模式"和香农-韦弗的"信息传递模式"。这一模式把传播过程视为一个由信源到信宿的直线式、单向度的过程,强调传者向受众传递信息并产生影响。线性模式突出了传播的目的性和有序性,但忽视了受众的主体性和传播过程的复杂性。

互动模式则强调传播过程中传者与受众之间的双向互动和反馈,代表性理论包括施拉姆的"交流模式"和恩泽诺伯格的"动力型传播模式"。这一模式关注传播过程中的信息交流与协商,突出了受众的参与性和传播效果的不确定性。互动模式更加贴近传播的实际情境,但对传播过程的把控力相对较弱。

网络模式是伴随互联网技术发展而兴起的新型传播模式,以卡斯特的"网络社会"理论为代表。这一模式强调传播主体的多元化和传播渠道的立体化,信息在复杂网络结构中快速流动和扩散。网络模式突破了传统的时空界限和传播格局,极大地拓展了信息传播的广度和深度。然而,网络传播也面临着信息过载、噪声干扰等新的挑战。

和文化背景的差异,词汇的理解和运用更容易出现偏差。因此,大学生必须深入学习外语词汇,掌握其准确的意义和用法,在表达时做到精准、得体。同时,要注意词汇的文化内涵,了解其在不同文化语境下的特殊含义,避免因词不达意而产生误会。

语法的正确运用是保证语言表达准确、流畅的关键。语法规则是语言的骨架,它决定了语言表达的逻辑结构和基本形式。大学生要想用外语准确、清晰地表达思想,就必须掌握扎实的语法知识,在实践中不断强化语法运用能力。尤其是在连贯表达复杂内容时,更需要运用各种语法结构(如从句、插入语、倒装等),使语言表达更加丰富、生动。同时,要注意母语语法习惯对外语表达的影响,避免出现中式英语等不地道的表达方式。

语用得当是语言表达的更高要求。大学生要重视语言在具体交际情境中的运用,强调根据交际对象、目的、场合等因素,选择恰当的语言形式,取得预期的交际效果。在用外语讲好中国故事时,要充分考虑受众的文化背景、兴趣爱好、接受能力等因素,选择恰如其分的表达方式。例如,面对不同年龄、职业的听众,要在话题选择、语言风格、信息密度等方面有所侧重,以取得最佳的交际效果。

修辞的巧妙运用可以大大提升语言表达的艺术性和感染力。修辞格赋予语言以特殊的表现力,使表达更加生动、形象、富有感情色彩。比喻、夸张、对比、排比等修辞手法,都能增强语言的表现力和感染力,给人以美的享受。大学生在讲述中国故事时,要学会恰到好处地运用各种修辞手法,使语言表达更加精彩纷呈,给外国听众留下深刻印象。当然,修辞的运用也要把握分寸,避免过度使用,造成表达不自然或晦涩难懂。

语音语调的运用也是语言表达技巧的重要方面。语音语调直接影响语言表达的效果,恰当的语音语调可以使表达更加准确、生动、富有感染力。相反,不恰当的语音语调则会影响表达效果,甚至引起误解。大学生要想用外语生动、准确地讲好中国故事,就必须掌握良好的语音语调技巧——不仅要做到发音准确、吐字清晰、语速适中,还要根据表达内容和交际情境,恰到好处地运用语调、节奏、重音等,使语言表达更加流畅、自然、富有表现力。

三、受众分析与传播效果评估

(一)受众特征分析

受众分析是传播学研究中不可或缺的重要环节,它为传播活动的精准实施提供了关键依据。大学生在用外语讲好中国故事的过程中,准确把握受众特征,有针对性地设计传播内容和方式,对于提升传播效果、实现预期目标至关重要。

从人口统计学角度看,大学生讲好中国故事的受众具有多元化特点。他们来自不同国家和地区,拥有不同的文化背景、价值观念和行为习惯。这就要求传播者在内容选择上兼顾不同受众的兴趣偏好,在表达方式上照顾不同受众的接受习惯,才能实现跨文化传播的有效性。同时,不同年龄段、不同教育背景的受众在认知能力、理解深度上存在差异,传播者需要根据受众的特点调整语言风格和信息密度,确保传播内容通俗易懂、深入人心。

从心理特征上看,大学生讲好中国故事的受众普遍具有强烈的求知欲和开放包容的心态。他们渴望了解中国的历史文化、社会发展和时代变迁,希望通过鲜活生动的故事感受中国的独特魅力。因此,在故事选材上,既要体现中国优秀传统文化的精髓,又要展现当代中国发展进步的时代风貌;既要反映人物命运的跌宕起伏,又要揭示社会变迁的发展规律。只有满足受众的认知需求和情感期待,才能引起受众的共鸣,实现润物无声的育人效果。

从接受行为看,新媒体时代的受众习惯于碎片化、移动化的信息获取方式。他们通过社交媒体、视频网站等渠道主动搜索和接收信息,注重内容的新颖性、互动性和视听冲击力。这就要求传播者创新传播形式,灵活运用图文、音视频等多媒体手段,设计富有吸引力的话题和互动环节,激发受众的参与热情。同时,要注重传播节奏的把控,既要有引人入胜的开头,又要有高潮迭起的过程,更要有引人深思的结尾,让受众在轻松愉悦的氛围中完成对中国故事的深度解读。

(二)传播渠道选择

传播渠道是文化传播过程中信息传递的媒介和通道,对于传播效果的实现至关重要。在讲好中国故事的文化传播实践中,大学生应当根据受众特征和传播目的,精心选择恰当的传播渠道,以实现最佳的传播效果。

从受众角度来看,不同群体在媒介接触习惯、信息获取方式等方面存在显著差异。以中老年人为例,他们更倾向于通过传统媒体(如电视、广播、报纸等)获取信息;而青少年则更热衷于通过新媒体平台(如微博、微信、短视频等)了解世界。因此,在选择传播渠道时,大学生应当充分考虑受众的媒介偏好,有针对性地投放信息。对于中老年受众,可以通过电视专题片、广播节目、报刊专栏等方式讲述中国故事;对于青少年受众,则可以运用微博话题、微信公众号、抖音视频等新媒体形式进行生动鲜活的呈现。唯有契合受众需求,才能真正吸引其注意力,提升传播的针对性和有效性。

从传播目的来看,不同的传播渠道在信息容量、互动性、时效性等方面各具特色。例如,图书等纸质出版物能够系统、全面地阐释主题,电视能够直观、生动地再现故事,微信等社交平台有利于即时、互动地传递信息。大学生应当根据传播的具体目标,优选最佳传播渠道。系统阐述中华文明的历史渊源,可以通过出版系列图书、拍摄纪录片等方式全面展现中华文明的发展脉络;及时报道中国在抗击疫情中的举措,可以借助微博、微信等自媒体平台,第一时间发布权威信息;增进中外民众的沟通互动,可以利用小红书等社交平台,积极与国际受众交流、互动。唯有立足传播目的,才能选择最优传播路径,最大限度地发挥传播渠道的优势。

此外,大学生在传播渠道选择过程中,还应注重渠道的多元化、立体化组合。单一渠道的传播往往难以全面触达不同受众,只有综合运用多种渠道、多种形式,才能实现全方位、多层次的立体传播。例如,在讲述中国脱贫攻坚故事时,可以通过纪录片、微视频、图文、漫画等多种形式进行生动呈现,并利用报纸、杂志、电视、广播、网络等多种渠道进行立体传播。不同渠道形式的有机结合,能够最大限度地提升传播的覆盖面和影响力,取得"1+1＞2"的传播效果。

(三)传播效果测量

传播效果是评估传播活动成败的关键指标,它直接反映了传播者意图的实现程度和受众反馈的积极程度。在大学生用外语讲好中国故事的过程中,科学测量传播效果不仅有助于及时优化传播策略,提升故事的传播力和影响力,更能为后续的跨文化交流实践提供有益参考和借鉴。

从受众反馈角度看,大学生应综合运用定性和定量的方法,多维度、动态地评估中国故事的传播效果。定性评估可以通过组织座谈会、一对一访谈等方式,深入了解受众对故事内容的理解、情感共鸣程度以及价值观影响等,挖掘传播过程中的优势与不足。在此基础上,还可以设计调查问卷,对受众的认知、态度、行为等变化进行定量测评,获取更全面、精准的数据支撑。将定性和定量评估相结合,能够从宏观和微观两个层面把握传播效果,为优化传播提供有针对性的意见建议。

从传播渠道效能角度看,大学生要客观评估不同渠道的传播效果差异,甄别和筛选最优传播路径。通过横向比较新媒体平台和传统媒介的传播数据,分析二者在传播广度、速度、互动性等方面的优劣势,可以发现更契合受众偏好、更能触达目标群体的传播渠道。同时,纵向追踪评估同一平台内不同传播策略的效果,有助于发现最佳传播时间、传播频次,以及文本、图片、视频等形式的最优组合,形成一套行之有效的传播策略组合,持续强化传播效果。

从社会影响力角度看,大学生还需要关注中国故事传播带来的长远影响和深层变革。一方面,要通过声量监测、舆情分析等技术手段,实时掌握故事传播引发的网络热度、话题关注度,评估在中外受众中形成的影响力和美誉度。另一方面,要着眼于中国故事对构建中外民心相通的促进作用,通过对受众态度、行为的长期跟踪研究,挖掘其对增进中外文化交流互鉴、化解分歧误解的积极效用,彰显讲好中国故事的深远社会影响力。

四、传播学在讲好中国故事中的实践

(一)故事内容选择

在讲好中国故事的过程中,故事内容的选择至关重要。故事内容应当具有鲜明的中国特色,蕴含丰富的中华文化元素,体现中国人民的价值观念和精神追求。同时,优秀的中国故事还应当紧跟时代脉搏,反映中国社会的发展变迁和人民生活的点滴变化。只有选择富有生命力和感染力的故事内容,才能真正打动听众,引发共鸣。

从传统文化中汲取营养是讲好中国故事的重要源泉。中华民族在五千年的历史长河中创造了灿若星河的文化瑰宝,这些文化符号、历史典故、民间传说等都是讲述中国故事的宝贵材料。比如,可以讲述古代先贤的感人事迹,诠释他们的高尚情操和进取精神;又如,可以通过民间故事、神话传说展现中国人的智慧和想象力,彰显中华文化的独特魅力。讲好这些传统故事,不仅能够增强民族自豪感和文化自信,而且能唤起听众的情感共鸣,拉近彼此的心灵距离。

与此同时,当代中国的发展成就同样是讲好中国故事的富矿。改革开放以来,中国发生了翻天覆地的变化,涌现出许多感人至深的"时代楷模"和先进事迹。讲述这些鲜活的当代故事,能够展现新时代中国的精神风貌,彰显中国特色社会主义的制度优势。例如,可以讲述脱贫攻坚一线的感人故事,展现中国政府和人民携手奋斗、共同追梦的动人场景;又如,可以宣传科技创新、生态文明建设等领域的先进典型,呈现中国在各领域取得的辉煌成就。这些故事不仅能够彰显当代中国的发展活力,也必将极大激发听众对美好生活的向往和追求。

此外，个体命运与时代发展的交织也是中国故事的重要切入点。每一个中国人的人生轨迹，都深深镌刻着时代的印记。通过讲述这些鲜活生动的个人故事，能够透视中国社会发展的缩影，感受改革开放给人们生活带来的巨大变迁。这些故事或催人奋进，或感人肺腑，展现了中国人民在追梦路上披荆斩棘的顽强意志，彰显了个人命运与国家发展休戚与共的深刻内涵。讲好这些故事，能够引发听众对自身命运的思考，激发其为美好生活奋斗的斗志。

(二)传播媒介运用

随着新媒体技术的日新月异，传播媒介在讲好中国故事中的作用日益凸显。新媒体以其交互性、即时性、海量性等特点，为中国故事的全球传播提供了更加广阔的平台和更加多元的方式。大学生讲好中国故事，必须紧跟时代步伐，充分利用新媒体资源，创新传播方式，提升传播效果。

移动互联网和社交媒体的普及，为大学生讲好中国故事提供了前所未有的机遇。通过微博、微信、抖音等社交平台，大学生可以随时随地分享中国故事，与全球受众实时互动。这些平台不仅能够拓宽中国故事的传播渠道，也能让中国故事更加贴近海外受众的生活，增强故事的亲和力和感染力。大学生应积极利用移动互联网，用生动活泼的方式展现中国故事，用真挚的情感打动海外受众，实现中国文化"走出去"。

短视频和直播等新兴传播形式，为中国故事的创新表达注入了新的活力。相比传统的文字和图片，短视频和直播更加直观、生动，能够充分调动受众的感官体验，引发情感共鸣。大学生可以通过制作精美的中国文化短视频，讲述中国传统节日的由来、中国美食的制作过程、中国历史故事等，以生动形象的方式吸引海外受众。同时，通过直播与海外受众实时互动，现场展示中国功夫、中国书法、中国茶艺等，让中国文化"活"起来，拉近与受众的距离。

人工智能和大数据技术的应用，为中国故事的精准传播提供了有力支撑。借助人工智能，可以实现中国故事的智能推荐和个性化定制，根据海外受众的兴趣爱好、文化背景等，精准推送最适合他们的中国故事。大数据分析则可以帮助把握海外受众的需求动向，优化传播策略，提高传播的针对性和有效性。大学生应主动学习新技术，运用智能化手段讲好中国故事，实现中国文化传播"精准化"。

虚拟现实和增强现实技术的发展，为中国故事的沉浸式体验打开了新的想象空间。通过 VR 和 AR 技术，可以将中国的历史文化场景、自然风光、民俗活动等生动再现，让海外受众身临其境地感受中国文化的独特魅力。大学生可以利用

VR 和 AR 开发中国文化体验项目,如"穿越"秦兵马俑、"游览"故宫博物院、"参与"傣族泼水节等,为海外受众提供沉浸式的中国文化体验,增强中国故事的吸引力和感染力。

新媒体时代,大学生讲好中国故事,要立足"全球视野、跨文化思维",积极适应海外受众的文化习俗和认知方式;要根据不同国家和地区的文化特点,对中国故事的内容和表现形式进行"外译"和本土化改造,使之更加契合当地受众的文化语境和接受习惯;要注重中外文化的平等对话和相互交融,在讲好中国故事的同时,倾听海外受众的心声,增进彼此的了解和互信。

(三)文化符号应用

文化符号作为民族文化的重要载体,在跨文化交流中发挥着不可替代的作用。在大学生用外语讲好中国故事的过程中,恰当运用文化符号能够增强故事的表现力和感染力,促进中外文化的交流与理解。文化符号包括语言符号、非语言符号等多种形式,蕴含着丰富的文化内涵和价值观念。语言符号是最直接、最常用的文化符号,包括词汇、成语、谚语等,凝结了中华民族的智慧和审美情趣,体现了中国人独特的思维方式和价值取向。例如,"君子"一词体现了中国传统文化中对理想人格的追求,"踏雪寻梅"则展现了中国文人雅士的生活情趣。在用外语讲述中国故事时,适当引用这些语言符号,能够增强文化底蕴,传递出别样的东方韵味。

非语言符号同样是文化传播的重要媒介。服饰、器物、建筑等物质文化符号,以及姿势、表情、礼仪等行为符号,都承载着中华文明独特的美学追求和价值理念。比如,中国传统服饰讲究含蓄内敛、端庄典雅,折射出中国人矜持自重的性格特征;而中国园林则体现了天人合一、小中见大的美学境界。将这些非语言符号融入中国故事的讲述,能够创设身临其境的文化氛围,引发听众的兴趣和共鸣。

第三节　教育学理论

一、外语教育中的文化教育融入

(一)文化教育的重要性

文化教育是培养学生跨文化交流能力、促进其全面发展的重要途径。在外语教学中,文化教育不仅能够帮助学生深入理解目的语国家的社会风俗、历史传统、价值观念等,构建起完整的文化背景知识,而且能引导学生反思不同文化的异同,培养文化相对主义的态度,提升跨文化交际的意识和能力。

从知识层面来看,文化教育能够拓宽学生的知识视野,加深其对目的语国家的认知和理解。通过探讨文学作品、历史事件、社会热点等,学生能够更加立体、全面地感知异国文化的内涵,了解其独特的思维方式和行为模式。这种知识积累不仅有助于克服文化休克,促进学生更好地融入跨文化环境,也为其未来的学习、工作和生活奠定了坚实的文化基础。

从能力层面来看,文化教育是培养学生跨文化交际能力的关键环节。在文化教学活动中,学生需要运用语言知识分析文化现象,比较不同文化的差异,提出自己的见解。这一过程不仅能够锻炼学生的语言运用能力,而且能提升其文化敏感性、包容性和适应性。通过角色扮演、情景模拟等体验式教学,学生还能直观地感受文化冲突的复杂性,学会用换位思考的方式化解矛盾,形成灵活处理跨文化问题的能力。

从情感态度层面来看,文化教育有利于学生树立正确的文化价值观,培养家国情怀和国际视野。通过比较不同国家的文化特色,学生能够更加深刻地认识本土文化的独特魅力,增强民族自豪感和文化自信心。同时,文化教育也能帮助学生以开放、包容的心态看待文化差异,尊重不同文化的多元价值,形成平等、友善的跨文化交往态度。这种情感体验将伴随学生终身,成为其未来参与国际事务、促进民心相通的宝贵财富。

(二)文化与语言的关系

语言是文化的载体,语言和文化相互依存、互为表里。语言传递着一个民族的思维方式、价值观念和审美情趣,蕴含着丰富的文化内涵。同时,文化又深深植根于语言之中,通过语言得以表达、传播和延续。因此,语言学习绝非单纯的词汇和语法训练,更是一个了解异国文化、拓宽文化视野的过程。

外语教学必须重视语言的文化内涵,帮助学生深入理解目标语言所承载的文化背景和思维模式。教师不仅要传授语言知识,而且要引导学生探索语言背后的文化意蕴,理解词语使用的文化语境,感悟语言组织方式所反映的民族性格。只有将语言学习与文化理解相结合,学生才能真正掌握语言的精髓,运用恰当得体的表达方式与他人沟通交流。

传统的外语教学往往重语言轻文化,过于强调语法结构和词汇记忆,难以激发学生的学习兴趣,也无法培养其跨文化交际能力。为了突破这一局限,外语教学必须加强语言与文化的融合,在语言训练中渗透文化教育。教师可以利用体现文化特色的语言材料(如文学作品、电影、歌曲等),引导学生感悟语言的文化内涵;组织学生开展文化专题研究,探讨语言反映的价值观念和行为模式;创设贴近真实语境的交际情景,让学生在实践中体验文化差异,提升文化敏感性和包容性。

此外,教师还应引导学生研思母语和母语文化,加深对本民族语言文化的认同感和自豪感。通过对比分析不同语言的表达方式和文化内涵,学生能够更加清晰地认识母语的独特魅力,增强民族文化自信。同时,也能够站在更广阔的视角审视异国文化,以开放包容的心态看待文化差异,增进对多元文化的理解和尊重。

(三)文化教育的实施策略

文化教育是外语教学中不可或缺的重要内容,它不仅能够帮助学生更好地理解和运用语言,而且能促进其跨文化交际能力的提升。因此,探讨文化教育的有效实施路径,对于深化外语教学改革,提高教学质量具有重要意义。

文化教育内容的选择是实施策略的首要问题。传统的外语教学往往将文化知识等同于语言知识,过于强调语法、词汇等语言要素的传授,而对于文化内涵的挖掘还有待加强。事实上,语言只是文化的载体,脱离了文化语境,语言学习就成了无本之木、无源之水。因此,在文化教育内容的选择上,教师应立足语言学习的需要,兼顾文化知识的广度和深度。一方面,教师要根据教学目标和学生特点,有针对性地选取与语言学习密切相关的文化背景知识(如习俗、礼仪、价值观等),帮助学生理解语言背后的文化内涵。另一方面,教师还应适当拓展文化视野,选取反映不同国家、不同民族文化特色的素材,培养学生的文化敏感性和包容性。

文化教育形式的创新是提高教学效果的关键。文化知识的传授如果采取灌输式的教学模式,学生被动接受,缺乏参与感和获得感,难以促进学生对异质文化的理解和体验。因此,教师应积极创新教学形式,为学生提供沉浸式的文化体验。比如,教师可以利用多媒体技术,通过图片、视频、音频等方式生动呈现异国风情,激发学生的学习兴趣。再如,教师可以组织情境模拟、角色扮演等活动,让学生在具体情境中运用语言,体验文化差异。此外,教师还可以引导学生开展跨文化交流,通过与外国友人的直接互动,加深对异质文化的认知和理解。

文化教育评价的多元化是保障教学质量的重要举措。在外语教学评价中,如果以语言知识的掌握为唯一标准,忽视文化素养的考查,不仅难以全面衡量学生的学习效果,更容易导致教学"应试化"倾向。因此应构建多元化的文化教育评价体系。一方面,教师要制定科学合理的评价指标,不仅要考查学生对文化知识的掌握,而且要关注其文化意识、文化态度的形成。另一方面,教师还应采用多种评价方式,将终结性评价与过程性评价相结合,全面、动态地反映学生的文化学习状况。同时,教师要重视学生的自我评价和互评,引导其主动反思文化学习的得失,调整学习策略,提高文化素养。

二、故事讲述在教育中的应用

(一)故事讲述的教育价值

故事讲述是一种古老而有效的教育方式,它能够将枯燥的知识转化为生动有趣的内容,激发学生的学习兴趣,帮助其建立起完整的知识体系。在教育教学过程中,故事讲述发挥着独特而重要的作用,它不仅能够传递知识,更能培养学生的情感态度和价值观念。

从认知层面来看,故事讲述有助于加深学生对知识点的理解和记忆。通过讲述与教学内容相关的故事,教师能够为学生提供一个具体、形象的情境,帮助其将抽象的概念与现实生活相联系,构建起有意义的学习。同时,精心设计的故事情节能够吸引学生的注意力,调动其积极性和主动性,使其全身心地投入到学习中去。在聆听故事的过程中,学生不仅能够获得知识,而且能体验到学习的乐趣,增强学习动机。

从情感态度层面来看,故事讲述是培养学生正确价值观和道德品质的有效途径。每个故事都蕴含着特定的情感基调和价值取向,教师可以通过讲述励志、感人的故事,引导学生形成积极向上的人生态度,树立正确的世界观、人生观和价值观。例如,教师可以讲述科学家孜孜以求、勇攀高峰的事迹,激发学生对科学的热爱和探索精神;又如,教师可以分享见义勇为、助人为乐的故事,培养学生高尚的道德情操和社会责任感。这些鲜活的故事能够直抵人心,潜移默化地影响学生的情感和行为,使其形成积极健康的人格品质。

从能力培养层面来看,故事讲述能够锻炼学生的语言表达、逻辑思维和创新能力。一个好的故事往往具有完整的结构和清晰的脉络,包含开端、发展、高潮和结局等环节。教师在讲述故事时,可以引导学生分析故事情节的发展过程,揭示其中的因果关系和内在逻辑,帮助学生形成缜密的思维方式。同时,教师还可以鼓励学生对故事内容提出自己的见解,进行延伸和拓展,激发其想象力和创造力。在讨论和分享的过程中,学生的语言表达能力和人际交往能力也能得到锻炼和提升。

(二)故事选择与设计

故事选择与设计是教师在大学生用外语讲好中国故事的教学过程中至关重要的环节。教师选择恰当、设计精巧的故事,能够有效激发学生的学习兴趣,调动其情感,促进知识的内化,最终实现跨文化交流能力的提升。因此,教师应高度重视故事选择与设计,遵循科学原则,优化实施策略,切实发挥故事教学的独特优势。

在故事选择方面,教师首先要立足教学目标,围绕培养学生跨文化交际能力这一核心要求,有针对性地甄选故事素材。选取的故事应体现中华文化的精髓,展现中国人的价值观念、思维方式和行为模式,为学生理解中国提供生动鲜活的案例。同时,这些故事应具有跨文化意义,蕴含人类共通的情感体验和价值追求,方便学生与其他文化背景的受众进行交流。此外,在难度上,所选故事应与学生的语言水平相匹配,既要略高于学生的实际水平以促进他们的发展,又不能过于晦涩难懂而丧失吸引力。

在故事设计方面,教师要充分发挥创造力,对选定的故事素材进行艺术加工和语言重塑,使其更好地服务于教学目的。一方面,教师可以对故事情节进行适度改编,增强故事的戏剧张力和吸引力,同时突出体现跨文化交际能力培养的重点内容。例如,教师可以在故事中设置文化冲突情境,引导学生思考如何化解文化分歧,达成有效沟通。又如,教师可以适当添加能够引发学生情感共鸣的桥段,提升学生的文化认同感和表达热情。另一方面,教师还应对故事的语言形式进行精心设计。在遣词造句上力求简洁流畅、生动形象,便于学生理解和模仿;在语言结构上循序渐进、科学排列,引导学生在语言输出的实践中内化语言知识;在语言技能上全面兼顾、均衡发展,为学生的听说读写全面训练提供契机。

(三)故事讲述的互动方式

故事讲述作为一种互动式教学方法,能够有效激发学生的学习兴趣,提高教学效果。在故事讲述的过程中,教师应注重与学生的交流互动,创设生动有趣的教学情境,引导学生积极思考、主动参与。通过提问、讨论、角色扮演等方式,教师可以使学生加深对故事内容的理解,培养其分析问题、解决问题的能力。同时,学生在互动过程中也能够锻炼语言表达、逻辑思维等多方面能力,实现全面发展。

具体来说,在故事讲述教学中,可以采用以下几种互动方式。

一是启发式提问。教师可以在讲述故事之前、过程中或之后,提出一些与故事内容相关的开放性问题,引导学生思考。这些问题可以是对故事情节的预测、对人物性格的分析、对故事主题的探讨等。通过启发式提问,教师能够调动学生的思维,激发其探究欲,使其成为学习的主人。

二是小组讨论。教师可以将学生分成几个小组,为每个小组设置不同的讨论任务,如对故事情节的续编、对人物命运的思考、对社会问题的探讨等。在小组讨论过程中,学生可以相互启发、相互补充,共同完成任务。这不仅能够加深学生对故事的理解,还能培养其团队合作意识和沟通表达能力。

三是角色扮演。教师可以选取故事中的经典片段或人物,组织学生进行角色扮演。通过亲身体验故事情境,学生能够更直观地感受人物的心理变化和情感波动,加深对故事的理解和认同。同时,在角色扮演过程中,学生的表演能力、语言表达能力也能得到锻炼和提升。

四是延伸创作。在故事讲述结束后,教师可以引导学生进行延伸创作,如改编故事情节、续写故事结尾、创作与主题相关的作文等。这些活动不仅能够巩固学生对故事的理解,还能激发其想象力和创造力,提高其语言文字运用能力。

三、教育学视角下的故事讲述技巧

(一)吸引注意力的技巧

在教学中,吸引学生的注意力是提高教学效果、激发学生学习兴趣的关键。教师要想成功地引起学生的注意,首先要深入了解学生的心理特点和认知规律。研究结果表明,学生普遍具有好奇心强、注意力容易分散等特点。因此,教师在设计教学内容时,应选择新颖有趣、与学生生活实际相关的素材,激发学生的好奇心和探究欲。同时,教师要合理运用多种教学手段(如多媒体技术、实物演示、情境创设等),充分调动学生的感官,吸引其注意力。

在课堂教学中,教师的教学语言也是吸引学生注意力的重要工具。一名优秀的教师应能够运用富有感染力的语言,生动形象地讲解知识要点,引导学生主动思考。这就要求教师不仅要具备扎实的学科知识功底,还要具有较强的语言表达能力和临场应变能力。这些教学策略不仅能够吸引学生的注意力,而且能促进学生对知识的深入理解和灵活运用。

此外,恰当地设置悬念和冲突也是吸引学生注意力的有效手段。教育心理学研究表明,适度的认知冲突有助于提高学生的学习兴趣和思维活跃度。因此,教师可以在教学中适时设置一些与学生原有认知相悖的问题情境,激发学生的好奇心和求知欲。教师还可以在教学中设计一些富有挑战性的任务,充分发挥学生的主体性和创造性,增强其参与课堂的动力。

教学互动也是吸引学生注意力的重要环节。单向灌输式的教学很难调动学生的学习积极性,而互动式教学则能够很好地吸引学生的注意力,提高课堂教学的针对性和实效性。因此,教师应积极创设平等、民主、和谐的师生关系,鼓励学生大胆提问、畅所欲言。在教学过程中,教师要善于倾听学生的声音,及时给予引导和点拨,帮助学生梳理知识脉络,突破学习难点。同时,教师要注重学生的情感体验,适时给予鼓励和表扬,增强其学习信心和成就感。只有在轻松愉悦的氛围中,学生才能全身心地投入到学习中,保持较高的注意力水平。

(二)情感共鸣的建立

情感共鸣是有效讲述故事的关键要素之一。在教学过程中,教师要善于运用恰当的语言、表情和肢体动作,引发学生的情感共鸣,使其产生身临其境之感,从而更好地理解和内化故事所要传达的知识和价值观。为了实现这一目标,教师首先需要深入挖掘教学内容的情感元素。每个故事都蕴含着丰富的情感(如喜悦、悲伤、愤怒、恐惧等)。教师要透过故事情节,抓住其中最能打动人心的情感点,并在讲述过程中予以充分展现。例如,在讲述英雄人物事迹时,教师可以着重描绘主人公面对困难和挫折时坚韧不拔、百折不挠的精神,引导学生感受其崇高的品格和独特的人格魅力。

教师要注重讲述方式的艺术性和感染力。单调乏味的讲述很难引起学生的共鸣,反而会让其产生厌倦和抵触情绪。因此,教师要善于运用声音、表情、手势等多种表现手段,为故事赋予生命力。例如,在描述人物的心理活动时,教师可以通过语气的变化、适度的停顿、恰当的表情等,将人物的喜怒哀乐、矛盾纠结表现得出来,带领学生走进人物的内心世界。同时,教师可以适时穿插一些富有哲理或启发性的问题,引导学生思考、讨论,促进其情感体验的升华。

教师要善于把握讲述节奏,注重情感的渲染和铺垫。情感共鸣的产生往往需要一个循序渐进的过程。教师要合理安排故事情节的展开,适时营造悬念,制造戏剧性冲突,调动学生的好奇心和探究欲。在情感爆发的关键节点,教师要给予学生充分的体验和感悟时间,引导其在心灵深处产生强烈的触动和共鸣。例如,在讲述革命烈士英勇就义的故事时,可以先渲染当时的历史背景和斗争环境,让学生感受革命者所面临的巨大压力和严峻考验,继而重点描述烈士临危不惧、视死如归的崇高品质,最后引导学生反思生命的意义,升华对理想信念的追求。

此外,教师还要注重师生之间、生生之间情感互动的建立。情感共鸣不是一方对另一方的单向输出,而是师生之间、生生之间情感的交流与碰撞。教师要善于捕捉学生情感反应的细微变化,适时给予引导和回应,鼓励学生畅所欲言,表达自己的真实感受。同时,教师可以设计一些小组讨论、角色扮演等互动环节,为学生提供交流、分享的平台,在相互启发、相互感染中加深彼此的情感理解和认同。例如,在学习了雷锋的助人为乐事迹后,教师可以组织学生分享自己在生活中帮助他人的经历,讨论助人行为给他人和自己带来的正能量,引导学生感悟雷锋精神的伟大和崇高。

(三)语言表达的艺术

语言是思想的载体,也是情感的表达工具。在讲述故事的过程中,语言的运用方式直接影响着故事的吸引力和感染力。优美、生动、富有表现力的语言能够将听众带入故事情境,引发情感共鸣,取得事半功倍的效果。因此,讲述者需要重视语言表达的艺术性,用心雕琢每一个字句,力求言简意赅、生动形象、引人入胜。

声音是语言的外在表现形式。讲述者应注意声音的控制与运用,包括音量、语速、语调、节奏等要素。恰当的音量变化能够突出故事的重点,引起听众的注意;适度的语速调整能够控制故事的节奏,制造悬念气氛;灵活的语调变化能够表达人物的情绪,渲染故事氛围;恰到好处的停顿能够给听众留出思考和想象的空间,增强互动体验。声音的艺术性运用能够使故事更加立体生动,引人入胜。

词语是构成语言的基本单位。在讲述故事时,要注重词语的选择与搭配。使用准确、生动、形象的词语能够使故事更加具体、鲜活,引发听众丰富的联想。同时,灵活运用比喻、拟人、夸张等修辞手法,能够激发听众的想象力,加深其对故事内容的理解和感悟。此外,讲述者还要注意词语的文化内涵,恰当使用俗语、谚语、古诗词等,彰显中华文化的博大精深,同时拉近与听众的距离,增强文化认同感。

句子是表达完整语义的基本单位。讲好故事离不开优美、通顺、有表现力的句子。根据故事情节的需要,讲述者可以灵活运用长短句、疑问句、反问句、感叹句等句式,增强语言的节奏感和张力。同时,巧妙运用排比、对偶、反复等修辞格,能够增强语言的气势,渲染故事氛围。值得注意的是,在追求语言表现力的同时,还要注重句子的简洁明了,避免过于复杂晦涩的表达,以免影响听众的理解和接受。

段落是由多个句子组合而成的语言单位,在口语表达中对应一个完整的语义停顿。讲述者要学会合理运用段落,把握停顿的时机和节奏。段落的划分要根据故事情节的发展,遵循起承转合的逻辑顺序。每个段落都要有明确的中心思想,围绕中心思想展开叙述、描写、议论,构成内在联系又相对独立的语义单元。段落与段落之间要注意过渡与衔接,使用恰当的关联词语或句式,维持语义的连贯性。灵活运用段落能够使故事层次分明、脉络清晰,便于听众理解和记忆。

四、教育学在培养讲好中国故事能力中的作用

(一)教育学的指导原则

教育学的指导原则为大学生用外语讲好中国故事提供了重要的理论基础和实践指引。在培养学生跨文化交际能力、提升国际话语权的过程中,教育学理论发挥着不可或缺的作用。

教育应以学生为中心,尊重学生的个体差异和发展需求。在外语教学中贯彻这一理念,意味着要充分考虑学生的兴趣爱好、认知特点和情感因素,因材施教,激发学习动机。教师应创设真实的语境,引导学生在实践中学以致用,感受语言的魅力。同时,要鼓励学生表达自我,讲述独特的中国故事,增强文化自信。这有助于学生建立起平等、开放的跨文化交际意识,成为自信、友善的中国形象代言人。

建构主义学习理论指出,知识不是简单地传递和灌输,而是学习者在一定情境中通过意义建构而获得的。外语学习亦是如此。教师要为学生营造浸润式的语言文化环境,引导其主动探索、积极思考,在与他人互动中感悟语言的内涵。讲好中国故事,不仅需要扎实的语言基础,更需要对中国文化的深刻理解。因此,教学中要重视文化背景知识的导入,帮助学生领会词句背后的文化内涵,提高语用能力。此外,还要开展丰富多元的实践活动(如情景对话、故事分享、辩论等),让学生在真实语境中应用所学,构建属于自己的认知体系。

多元智能理论为因材施教提供了新视角。每个学生都具有不同程度的语言、

逻辑数学、空间、肢体运作、音乐、人际、内省、自然观察等智能。教师要尊重学生的独特禀赋,合理设计教学活动,采用多元评价方式。在培养学生讲好中国故事的能力时,可以融入多种智能元素,激发学生多方位的语言运用潜能。例如,鼓励语言智能较强的学生多进行口语表达和写作练习;引导音乐智能突出的学生用歌曲演绎中国故事;发挥空间智能杰出学生的想象力,用图画、手工等方式呈现内容。由此,学生能够找到适合自己的学习方式,获得更佳的语言学习体验,提高跨文化交际的综合素质。

(二)教育方法的创新

教育方法的创新是提升大学生用外语讲好中国故事能力的关键。如果只注重知识的灌输和技能的训练,忽视学生主体性的发挥和创新能力的培养,就难以适应新时代对外语人才的要求,更无法满足学生用外语讲好中国故事的需要。因此,教育工作者必须立足时代背景,遵循教育规律,深入推进教育方法的创新,才能真正提升大学生的外语能力和跨文化交际素养。

在创新教育方法时,教师应充分发挥学生的主体作用,引导其主动参与到学习过程中来。"满堂灌"式教学把学生置于被动接受的地位,抑制了其学习的积极性和创造性;而创新的教育方法应该以学生为中心,通过设置开放性的教学任务,鼓励学生自主探究、合作学习,调动其学习的内在动力。例如,教师可以组织学生开展中外文化比较的专题研究,引导其挖掘中华文化的独特魅力,提炼能够打动外国听众的中国故事。在这个过程中,学生不仅能够深化对中外文化的理解,提高跨文化交际能力,更能锻炼独立思考、团队协作等关键技能。

创新教育方法还要注重理论与实践的紧密结合。讲好中国故事不仅需要扎实的语言基础和文化功底,更需要在实践中不断磨砺和提升。因此,教师应为学生创设丰富多样的实践机会,引导其在实践中学习和成长。一方面,教师可以通过情境模拟、角色扮演等方式,让学生在模拟场景中练习用外语讲述中国故事,提高语言表达的流畅性和准确性。另一方面,教师还可以组织学生参与国际交流活动,如外国留学生的接待、国际学术会议的志愿服务等,让其在真实的跨文化交际情境中锻炼能力,积累经验。通过理论学习与实践锻炼的有机结合,学生能够形成稳固的知识体系和娴熟的实践技能,为未来讲好中国故事奠定坚实基础。

此外,创新教育方法还应体现时代性和前瞻性。随着信息技术的快速发展,智能化教学手段为教育教学注入了新的活力。教师应主动拥抱新技术、新媒体,利用其为教学赋能。例如,教师可以利用慕课、微课等在线教学资源,实现优质教育资源的共享;利用虚拟现实、增强现实等技术,创设身临其境的语言实践环境;利用大数据、人工智能等手段,实现教学的精准化和个性化。通过现代信息技术与教育教学的深度融合,不仅能够拓展教学时空,提高教学效率,而且能激发学生的学习兴趣,培养其数字化生存的能力,这对于学生用外语讲好中国故事、传播中国声音具有重要意义。

(三)学生能力的提升路径

教育学在培养大学生用外语讲好中国故事的能力提升中发挥着重要的指导作用。通过科学运用教育学理论,教师可以为学生构建一条清晰、高效的能力提升路径。这既需要在课程设置、教学方法等方面进行系统设计,也需要在实践环节为学生提供充分的锻炼机会。

课程体系的优化是提升学生讲好中国故事能力的基础。教育学理论强调,课程设置应符合学生认知发展规律,既要考虑知识的系统性、科学性,又要兼顾学生的接受能力和兴趣爱好。因此,在设计讲好中国故事的课程体系时,应遵循从易到难、由浅入深的原则,合理安排语言技能训练、文化背景学习、思辨能力培养等模块,使各部分有机结合、相互促进。同时,课程内容应紧密结合中国国情和发展实践,引导学生在学习过程中深入理解和准确把握中国道路、中国理论、中国制度的丰富内涵,增强讲述中国故事的使命感和责任感。

创新教学方法是提升学生讲好中国故事能力的关键。传统的教学方式往往以教师讲授为主,学生被动接受知识,难以调动其主动性和创造性。教育学理论指出,良好的教学应该以学生为中心,注重启发式、探究式、参与式学习。在培养学生用外语讲好中国故事的过程中,教师应为学生创设丰富多样的学习情境,引导其在交流互动、多模态认知中内化语言知识,增强语言文化的应用能力。例如,教师可以组织主题讨论、案例分析、角色扮演等活动,鼓励学生用外语表达观点、交流思想、分享见解,在思维的交锋与碰撞中提高表达能力和思辨水平。此外,借助信息技术手段,教师还可以为学生提供沉浸式、交互式的学习体验,营造身临其境的语言环境,激发其学习兴趣和探究欲。

加强实践锻炼是提升学生讲好中国故事能力的必由之路。教育学理论认为,学习的最终目的是运用,只有将知识转化为实际行动,才能真正实现能力的提升。因此,在培养学生用外语讲好中国故事的过程中,必须高度重视实践环节,为学生提供广阔的能力展示和锻炼平台。一方面,可以搭建国际交流合作项目,组织学生参加海外学习、实习、志愿服务等活动,让其在真实语境中感受异国文化,锻炼跨文化交际能力。另一方面，可以举办外语演讲比赛、辩论赛、征文大赛等形式多样的校园活动，营造浓厚的人文氛围，引导学生在实践中增强语言表达的自信心和能力。理论学习与实践历练的有机结合，有助于学生掌握用外语讲好中国故事的真功夫、实本领。

建立科学评价体系是检验学生讲好中国故事能力的重要保障。教育评价是教学过程的"指挥棒"，直接影响着教与学的导向。为了确保讲好中国故事能力培养的实效性，必须构建与之相适应的评价体系。一方面，评价体系应突出应用导向，将学生在实践中的表现作为重要考查内容，引导其在运用中强化能力、在实践中砥砺本领。评价指标应全面细致，涵盖语言知识、文化背景、思辨素养、沟通协作等多个维度，既关注学生用外语准确流利地表述中国故事的语言表达能力，也要考查其在不同受众、不同场合下灵活采用恰当方式讲述中国故事的综合素养。另一方面，评价主体要趋于多元化，教师评价、学生互评、社会反馈等多种方式并举，以动态、发展的眼光全面审视学生的能力水平。同时，评价应体现过程性等特征，通过跟踪记录、阶段反馈等方式，及时发现学生的问题，有针对性地提供改进建议，真正做到以评促学、以评促教。

第四章　大学生用外语讲好中国故事的技巧与方法

第一节　大学生用外语讲好中国故事的结构与流程

一、故事选材与主题确定

(一)选材原则

恰当性是选材的首要原则。所选材料应与讲述主题密切相关,能够支撑和丰富主题。同时,材料要切合目标受众的兴趣和认知水平,易于其理解和接受。选材时要充分考虑受众的文化背景、价值观念、审美情趣等因素,力求找到最佳的切入点和呈现方式。只有选材贴近受众,讲述的中国故事才能引起共鸣,达到跨文化交流的目的。

真实性是选材必须坚守的底线。讲述中国故事,就是要向世界展现一个真实、立体、全面的中国。选材必须以事实为依据,以真实的人物、事件、场景为载体,杜绝虚构和夸大其词。唯有如实呈现,才能赢得受众的信任,增强故事的说服力。即使是艺术加工和再创作,也要遵循真实性原则,避免过度渲染和曲解事实。

典型性是选材需要把握的重点。中国幅员辽阔,人文景观丰富多样。在有限的篇幅中,不可能面面俱到、巨细靡遗。因此,选材时要善于抓住典型,以点带面,以小见大。选取最能代表中国特色和精髓的人物事件,最能体现中国发展成就的生动案例,最能反映中国人民奋斗历程的动人故事,以此折射出中国的历史、现实和未来。这样,讲述的中国故事才能具有广泛的代表性,形成鲜明的中国印象。

故事性是选材的另一关键要素。生硬的说教和抽象的概念很难吸引和打动听众;而有血有肉的人物、跌宕起伏的情节,则更容易引发受众的兴趣和共情。因此,在选材时,要充分挖掘素材的故事性,寻找能够体现中国精神、彰显中国价值观的动人故事。以小见大、以情动人,通过具体的人和事来阐释深刻的道理,让听众在聆听故事的过程中潜移默化地了解中国、认识中国。

（二）主题聚焦

主题聚焦是讲好中国故事的关键所在。在浩如烟海的中国故事中，选准切入点，围绕核心主题展开叙述，是吸引听众、增强说服力的重要策略。选择主题时，要考虑故事的典型性、独特性和时代性。典型性是指所选故事能够反映中国发展进步的普遍规律，代表中国人民的共同追求和价值取向。独特性是指故事要蕴含鲜明的中国特色，体现中华民族的智慧结晶和文化精髓，彰显民族自信。时代性则要求所选故事紧扣时代脉搏，反映当代中国发展的时代主题，展现改革开放以来中国发生的沧桑巨变。

精准锁定目标受众，设定明确的主题基调，是讲好中国故事的重要前提。不同的受众群体对故事内容、形式有着不同的需求和期待。因此，在选择主题时要充分考虑受众的文化背景、认知水平、兴趣爱好等因素，有的放矢地进行话题设置。例如，面对国际友人，可以着重讲述中国的发展成就、人文风情、生态文明建设等内容，传递和平、发展、合作、共赢的理念。而面对国内青少年群体，则可以侧重讲述榜样人物事迹、创业创新故事、科技进步等，激发其爱国热情，唱响奋斗主旋律。同时，要注重把握主题的深度和广度，既不能就事论事、浅尝辄止，又不能过于宏大空泛、缺乏说服力。

围绕核心主题，有机融入中国元素，是提升故事感染力的有效途径。中国元素既包括物质层面的中国符号（如长城、故宫、中医中药等），也包括精神层面的中华价值（如仁爱、包容、务实、奋斗等）。在讲述中国故事时，要善于发掘和运用这些元素，使之成为彰显民族特色、凸显文化内涵的有机组成部分。同时，要注重将这些元素与故事情节、人物形象巧妙结合，使之水乳交融、相得益彰。例如，在讲述中国农民脱贫致富的故事时，可以适当穿插中医药产业发展、中华传统美德传承等内容，既丰富故事内涵，又彰显中国特色。

（三）文化元素融入

在讲述中国故事时，巧妙地融入中国文化元素是一项重要的技巧。文化元素不仅能增强故事的吸引力和感染力，而且能让外国听众深入了解中国的历史传统和价值观念，拉近心理距离，增进文化认同。

中国文化博大精深，具有悠久的历史渊源。在漫长的发展过程中，中华民族创造了灿烂辉煌的文明成果，留下了丰富多彩的文化遗产。这些文化遗产涵盖了文学、艺术、宗教、哲学、科技等各个领域,凝结了中华民族的智慧结晶和精神追求。将这些文化元素恰如其分地融入中国故事,能够增强故事的文化底蕴和内涵,提升其艺术感染力。

融入文化元素要做到形神兼备,避免生硬附会。讲述者要深入挖掘故事所蕴含的文化内核,将文化元素与故事情节、人物形象、主题思想紧密结合,做到水乳交融,浑然一体。同时,要注意把握文化元素的内在逻辑和审美趣味,运用贴切、优雅的表达方式呈现出来,给听众以艺术享受。

比如,在用外语讲述古代英雄故事时,可以适当引用一些诗词名句,烘托时代背景,渲染人物情怀。诸如"风萧萧兮易水寒,壮士一去兮不复还"这样的名句,不仅富有诗意美感,而且能彰显英雄的慷慨悲壮、视死如归的崇高品格。又如,在讲述民间传说时,可以融入一些神话元素(如龙、凤、仙鹤等),既能增添故事的神秘色彩,又能体现中国人的想象力和创造力。

除了传统文化元素,讲述者还可以适当融入一些现代文化元素,展现中国文化的创新发展。比如,在用外语讲述改革开放的故事时,可以提及一些中国的现代科技成就(如高铁、移动支付、共享单车等),展现中国人勇于创新、敢为人先的时代精神。这些新兴文化元素与传统文化一脉相承,共同构成了中华文化的时代特色。

需要注意的是,在融入文化元素时要把握分寸,避免过度渲染。文化元素只是故事的点缀和底色,不能喧宾夺主,影响故事的完整性和流畅性。讲述者要根据听众的文化背景和接受能力,适当调整文化元素的比重和呈现方式,做到因材施教、恰如其分。

二、故事结构搭建与要点提炼

(一)结构框架设计

故事结构框架设计是大学生用外语讲好中国故事的关键环节。一个精心设计的故事框架能够有效组织故事内容,突出主题,吸引受众。构建合理的故事结构,需要把握以下几个要点。

1. 要确定故事的基本结构

一般来说,故事可以分为开端、发展、高潮和结尾四个部分。开端部分要吸引听众的注意力,引出故事主题;发展部分要渐次展开情节,推进故事的进程;高潮部分要集中呈现冲突,烘托主题;结尾部分要解决冲突,凝练主旨。每个部分都肩负着特定的叙事功能,环环相扣,构成完整而有机的故事整体。

2.要布置合理的情节序列

情节是推动故事发展的重要因素。好的故事往往具有起承转合的情节安排,悬念迭起,引人入胜。在讲述中国故事时,讲述者可以采用倒叙、插叙、悬念等叙事方式,打破事件发生的线性顺序,激发受众的好奇心。同时,要注意情节的因果关联和逻辑推进,避免出现逻辑漏洞或情节脱节的问题。

3.要塑造鲜明的人物形象

人物是故事的灵魂,生动立体的人物形象能够引发受众的情感共鸣。在中国故事中,无论是历史人物还是普通百姓,都蕴藏着丰富的人格魅力。讲述者要善于挖掘人物的性格特征和内心世界,通过细节描写和环境渲染,使人物形象更加丰满、立体。同时,要把握人物在情节中的作用,通过人物之间的冲突、对话展现主题。

(二)关键要点提炼

讲故事的目的是吸引听众,引发共鸣,传递信息。然而,面对庞杂的素材和有限的讲述时间,讲述者往往难以抓住故事的精髓,导致叙述冗长、重点不突出等问题。因此,在讲述之前,有必要对故事进行提炼和概括,梳理出最能体现主题、最能打动人心的关键要点。

提炼故事要点需要讲述者深入研读故事材料,透过纷繁的表象挖掘出故事的主题和内核。一个好的故事往往蕴含着丰富的思想内涵和情感力量,体现了某种普遍的人性或人生哲理。讲述者要善于捕捉这些隐藏在故事背后的价值观念和精神内核,将其提炼成简明扼要的中心思想。这一思想不仅能够引领整个故事的叙述,还能给听众留下深刻的印象,引发思考和共鸣。

在提炼故事要点时,讲述者还需要关注故事的情节脉络和人物塑造。一个引人入胜的故事往往有着曲折动人的情节和鲜明生动的人物形象。讲述者要从纷繁的情节中提炼出最能反映故事主题、最能推动情节发展的关键事件,并选取最能体现人物性格特点、最能引发听众共情的关键细节。通过对情节和人物的提炼,讲述者才能够在有限的时间内为听众呈现一个完整、生动、有吸引力的故事。

(三)逻辑顺序安排

逻辑顺序是故事结构中最重要的组成部分之一,它决定了故事情节的推进方式和节奏,影响着故事的连贯性和吸引力。在讲述中国故事时,合理安排故事的逻辑顺序尤为关键。只有遵循一定的逻辑规律,才能使故事环环相扣、引人入胜,从而更好地呈现中华文化的独特魅力。

时间顺序是最常见也是最基本的故事逻辑顺序。按照事件发生的先后次序展开叙述,能够让听众清晰地把握故事脉络,深入了解事件的来龙去脉。以历史人物故事为例,讲述一代名将戚继光的生平事迹时,可以从其出生、成长、从军、成边抗倭、封疆大吏等几个重要人生阶段依次展开,使听众明了一个民族英雄的形成过程。时间顺序虽然简单明了,但需要讲述者对故事情节有清晰的把握,做到详略得当、轻重分明,避免平铺直叙、冗长乏味。

因果顺序是另一种常见的逻辑顺序。它强调事件之间的因果联系,揭示事物的本质和规律。讲述中国的科技发明故事时,因果顺序就显得尤为重要。以火药的发明为例,可以先交代古代中国冶金、炼丹等技术的发展,阐明这些技术为火药的产生提供了物质基础和实践积累;接着讲述炼丹家意外发现了硝石、硫黄、木炭混合后的燃烧效果,继而不断改进配方,最终发明出火药;最后可以分析火药在军事、民用等领域产生的深远影响。通过梳理发明背后的原因和结果,能够凸显中国人民的智慧结晶和创新精神。

空间顺序是指按照地点、区域的不同展开叙述。对于一些跨越地域的历史事件或人物经历,运用空间顺序能够拓展故事的广度,展现不同地域的风土人情。例如,讲述明代郑和下西洋的故事时,可以追随其航海路线,从南京出发,经过东南亚、南亚、阿拉伯半岛、非洲东岸等地,再折返回国,描绘一幅波澜壮阔的航海远征图。通过空间顺序的铺陈,能够让听众领略古代中国的国力之强盛、对外交流之广泛,感受到中华文明的海纳百川、兼容并蓄。

议论顺序侧重从不同角度阐述观点、进行论证,常用于蕴含哲理或寓意深刻的故事(如哲学寓言、历史评论等)。以"朱买臣开店"的故事为例,讲述者可以先引出"用人不疑,疑人不用"的观点,然后从信任对员工的激励作用、善待他人方能获得尊重等角度加以论证,最后以朱买臣的经商成功来印证这一观点。议论顺序要求讲述者具备缜密的逻辑思维和清晰的语言表达能力,能够层层推进、环环相扣地阐明道理,做到言之有物、言之有理。

三、开场白设计与引入技巧

(一)吸引注意力的方法

吸引听众注意力是讲好中国故事的第一步。在开场白设计中,讲述者需要运用各种方法,快速抓住听众的耳朵和眼球,为接下来的故事展开营造良好的氛围。

提出发人深省的问题是一种行之有效的引入策略。讲述者可以围绕故事主题,提出一个有趣而又意义深远的问题,引导听众展开思考。例如,在用外语讲述中国的改革开放历程时,讲述者可以这样开场:"40多年前,谁能想象中国会发生如此翻天覆地的变化?是什么力量推动了中国社会的巨变?这个问题值得我们深入探讨。"类似的问题不仅能激发听众的好奇心,也能引导他们与讲述者一起探寻答案,建立起良性的互动关系。

讲述个人经历或真实案例也是吸引听众注意力的有力手段。生动具体的个人故事更容易引起听众的共鸣,拉近与听众的距离。例如,在用外语介绍中国脱贫攻坚成就时,讲述者可以分享自己走访贫困地区的真实体验:"20××年×月,我有幸来到××省××县,亲眼目睹了当地农民的生活变迁。曾经的泥土路变成了宽阔的柏油马路,破旧的土坯房换成了崭新的小楼……"鲜活的细节描写能让听众身临其境,迅速带入故事情境。

此外,恰当运用悬念、比喻、反问等修辞手法,也有助于提升开场白的吸引力。例如,在讲述中国航天事业发展历程时,可以设置一个悬念:"中国用了多长时间实现从无到有、从有到强的航天飞跃?这其中经历了哪些不为人知的故事?让我们一起揭开谜底。"适度的悬念能够调动听众的积极性,激发其探究欲望。又如,在介绍中医药文化时,讲述者可以运用生动的比喻:"中医犹如一位睿智的长者,以天人合一的理念诠释生命和疾病的奥秘。"形象的比喻能让晦涩难懂的概念变得通俗易懂,加深听众的理解和记忆。

吸引听众注意力的方法还有很多,如展示图片视频、分享名人名言、设置互动环节等。关键是要根据故事主题和听众特点,灵活选择最契合的引入方式。只有用心设计出新颖而富有感染力的开场白,才能快速拉近与听众的距离,为讲好中国故事奠定坚实基础。

(二)背景信息提供

背景信息提供是用外语讲好中国故事的关键环节之一。大学生需要在开场白中适度引入背景信息,为听众提供必要的时间、地点、人物等语境要素,帮助其快速进入故事情境,理解故事内容。背景信息的引入需要把握"适度"原则,既要提供足够的信息以维系故事逻辑的连贯性,又要避免过多琐碎的细节干扰听众对主线的把握。大学生可以采取多种策略引入背景信息。一种方式是直接交代时间、地点、人物等要素,例如"公元前 221 年,秦始皇统一中国,建立了中央集权制度"。这种方式简洁明了,适合在篇幅有限时使用。另一种方式是通过生动形象的细节描写渲染氛围,例如"清晨,雾气笼罩着宏伟的长城,一队骑兵正在巡视。"这种方式能够吸引听众注意力,代入感强烈。

背景信息的引入还需注重与主题的契合。所提供的时空背景、人物背景需要与故事主题密切相关,为后续情节发展做铺垫。同时,要避免背景信息与主题跑偏,分散听众注意力。以"马可波罗游记"为例,在开篇交代元朝的疆域、都城和民族构成等背景信息,能让读者迅速了解马可波罗所处的时代环境,理解他的行程路线和见闻;而交代马可波罗出身的威尼斯共和国的历史沿革等,则有可能使叙述脱离主题。

对于跨文化背景下的中国故事,讲述者还需要特别注意文化背景信息的引入。由于听众缺乏相关文化语境,一些看似寻常的风俗习惯、礼仪规范,对跨文化听众而言可能十分陌生。因此,有必要适当引入一些典型的文化现象,帮助听众建立必要的文化背景知识。比如在用外语讲述"春节"的故事时,可以简要介绍春节的时间、习俗活动、象征意义等,让外国听众初步感受中国传统节日的内涵。

(三)主题引入策略

开场白是讲好中国故事的关键环节之一,它直接关系到能否吸引听众注意力,引起共鸣,为故事的展开奠定基础。因此,大学生在用外语讲述中国故事时,必须精心设计开场白,运用恰当的引入技巧,为故事的精彩呈现做好铺垫。

一个优秀的开场白应具备几个重要特征。其一,它要简明扼要,直奔主题。在短时间内抓住听众注意力是开场白的首要任务,因此,要避免冗长的铺垫和非必要的细节。其二,开场白要新颖独特,能给听众耳目一新的感觉。这可以通过巧妙的提问、意想不到的观点或鲜活的语言表达来实现。其三,开场白应与主题密切相关,自然引出故事的主线。一个好的开场白犹如一座桥梁,将听众的兴趣与故事内容无缝连接。

在用外语讲中国故事时,讲述者可以运用多种引入技巧,增强开场白的吸引力和感染力。比如,提出一个发人深省的问题,引发听众思考;讲述一个简短的小故事或逸事,引出主题;运用恰当的语言技巧(如比喻、排比、对比等),增强表达效果;或者以一句名言警句开篇,引起听众共鸣。无论采用何种技巧,关键是要紧扣主题,自然过渡,避免生硬牵强。

此外,开场白还应考虑听众的文化背景和认知水平,采取贴近受众的表达方式。在跨文化交流中,讲述者要注意文化差异,选用恰当的文化元素,避免误解和冲突。同时,开场白的语言表达要清晰易懂,避免使用过于专业或复杂的词汇,确保不同层次的听众都能够理解和接受。

四、主体内容展开与细节描绘

(一)细节描绘技巧

细节是文章的灵魂,它赋予文字以生命力,让内容更加丰满、立体、生动。在主体内容展开与细节描绘的过程中,讲述者需要把握细节刻画的技巧和方法,用细腻入微的笔触勾勒出故事的轮廓,带领听众身临其境地感受情节的跌宕起伏。

选择恰当、典型的细节是细节描绘的关键。在讲述过程中,讲述者无法面面俱到,因此必须学会筛选,择取最能体现人物性格特点、最能推动情节发展、最能渲染氛围烘托主题的细节。这些细节往往是具体的、可感的,能引起听众的共鸣和联想。例如,在讲述一位艺术家的成长历程时,可以选取他幼时对色彩和形状的敏锐观察力这一细节,从而凸显其艺术天赋;在描绘一场激烈的球赛时,可以刻画运动员挥汗如雨的面庞、紧绷的肌肉,从而渲染紧张激烈的比赛氛围。选择这些具有代表性的细节,能让故事更加饱满丰富,也能引导听众进行更深入的思考和感悟。

细节描绘要注重形象化、具体化。细节本身就是具体事物的体现,因此,在语言表达上要尽量避免抽象、概括、空洞的词语,要用生动形象、可感可触的语言塑造细节。通过视觉、听觉、嗅觉、触觉等多种感官体验,调动听众的想象力,让他们仿佛亲临现场。例如,与其笼统地说"春天来了",不如具体描绘"嫩绿的新芽从枝头探出脑袋,小鸟在林间欢快地歌唱,空气中弥漫着泥土的芬芳"。这样的细节描写,能勾勒出一幅生机盎然的春日画卷,带给听众身临其境之感。

细节描绘要把握分寸,避免堆砌。细节固然重要,但也不能喧宾夺主,要服从主题的需要。过多过滥的细节堆砌,反而会让文章显得琐碎杂乱,分散听众的注意力。因此,在运用细节时要把握分寸,恰到好处地点缀,与故事主线形成呼应,共同推进情节发展。同时,要注意细节描绘的节奏和频率,避免过于密集或稀疏,要在细节与概括之间寻找平衡,让文章既有细节的丰富饱满,又有概括的提炼升华。

(二)情节发展策略

情节发展是故事创作的关键环节,它决定了故事的吸引力和感染力。在用外语讲述中国故事时,合理的情节设计尤为重要。讲述者需要深入挖掘故事内容,提炼出有说服力的情节脉络,引导听众投入到故事情境中。

情节发展要服务于故事主题。每个精彩的故事都有其内在的主题和寓意。在设计情节时,讲述者要始终围绕主题展开,使情节推进与主题呼应,避免跑题或冗余。例如,在用外语讲述中国传统节日故事时,可以围绕"团圆"这一主题,通过设计家人团聚、朋友相聚的情节,表达中国人重视亲情友情的价值观。

情节设计要把握冲突和悬念。冲突是推动情节发展的原动力,它能够吸引听众的注意力,激发其探究欲望。例如,在用外语讲述中国英雄人物故事时,可以通过设计主人公与困难险阻的斗争,刻画其不屈不挠的意志品质。同时,适度的悬念设置也能增强故事的吸引力。讲述者可以在情节发展的关键节点适度卖关子,引发听众的好奇心和期待感。

情节节奏要张弛有度。情节发展既不能过于平淡,也不能过于跌宕起伏。讲述者要合理把控情节的起承转合,使故事既有高潮迭起的激烈场面,也有心平气和的铺垫渲染。例如,在讲述中国名胜古迹的故事时,可先从优美的景致描写入手,渐进式地展现其历史渊源和文化内涵,最后以反映其现实意义的小故事收尾,形成气势恢宏又不失细腻动人的整体效果。

(三)语言表达优化

语言作为思想和情感的载体,在人类交往中发挥着不可替代的作用。在用外语讲述中国故事过程中,语言的表达方式直接影响着故事的传播效果和受众的接受程度。因此,优化语言表达,提升故事的感染力和吸引力,是讲好中国故事不可或缺的重要环节。

讲好中国故事,首先要注重语言的准确性和规范性。外语作为非母语的表达,对讲述者在语法、词汇、语用等方面都存在一定挑战。如果表述不准确、用词不恰当,不仅会影响故事的可理解性,还可能引起误解甚至争议。因此,讲述者需要具备扎实的语言基本功,熟练掌握词汇、语法等知识,规范使用英语等外语,力求表述清晰、简洁、准确。同时,要注意语言的地道性,尽量避免中式英语等问题,使用符合目标语言表达习惯的词汇和句式,拉近与受众的距离。

讲好中国故事还需要在语言表达上追求生动性和形象性。单调乏味的叙述难以吸引和打动听众,而生动形象的语言则能让故事鲜活起来,引发共鸣和感悟。为此,讲述者要学会运用丰富的表现手法,如(比喻、拟人、排比等修辞格),增强语言的艺术感染力。例如,在用英语介绍中国传统文化时,可以用"As graceful as a dancing phoenix, as elegant as a blooming peony"(如凤凰般优雅,如牡丹般艳丽)来形象地比喻京剧的优美;在用英语讲述改革开放的故事时,可以用"From the smoldering ashes of poverty, China has risen like a phoenix, spreading her wings towards prosperity"(如凤凰涅槃一般,中国从贫困中崛起,展翅飞向繁荣)生动地描绘中国的发展历程。这些富于表现力的比喻能让故事更加动人心弦、难以忘怀。

此外,语言的表达还要体现出文化的独特性和内涵。中国幅员辽阔,各地都有丰富多样的历史文化积淀,在表达方式和话语体系上呈现出独特魅力。将这些文化特色融入语言表达,能彰显故事的文化底蕴和价值内涵,引起外国听众的好奇心和探索欲。例如,在用外语介绍中医药文化时,可以适当引用"天人合一""阴阳平衡"等富有哲理的传统词汇,体现中医的整体观和辩证法特点;在讲述民族英雄的事迹时,可以融入"精忠报国""舍生取义"等家喻户晓的成语,彰显中华民族的家国情怀和价值追求。这些蕴含深厚文化内涵的表达,能让故事更加震撼人心,唤起情感共鸣。

五、结尾总结与升华技巧

(一)结尾总结方法

在大学生用外语讲好中国故事的过程中,结尾总结与升华技巧发挥着至关重要的作用。一个精彩的结尾不仅能够巩固前面所讲述内容的中心思想,而且能引发听众的情感共鸣,使故事的主题得到升华,从而在听众心中留下深刻印象。

总结是结尾部分的重要内容。通过简明扼要地概括故事的主线和核心观点,讲述者能够帮助听众梳理思路,加深对故事内容的理解和记忆。总结时,讲述者应突出故事的主题,强调其中蕴含的中华文化精髓和价值观念。同时,总结也是检验听众理解程度的重要环节。讲述者可以通过提问的方式,引导听众回顾故事情节,分享自己的感悟和见解,以评估讲述效果。

在总结的基础上,讲述者还需要对故事的主题进行升华,引发听众的情感共鸣。升华是结尾部分的灵魂所在,它将故事内容与听众的生活经验、情感需求联系起来,唤起听众心灵的触动和思考。例如,在用外语讲述中华传统美德的故事时,讲述者可以引导听众反思自己的言行,思考如何在现实生活中弘扬和传承这些美德。又如,在用外语讲述中华文化传统节日的故事时,讲述者可以引发听众对家庭亲情、天伦之乐的向往和追求。通过升华,故事的意义将超越具体的情节,上升到人生哲理和价值追求的高度,让听众久久回味。

需要注意的是,结尾总结与升华并非相互独立、截然分开的两个部分,而是相辅相成、有机统一的整体。总结为升华提供了切入点和依据,升华则赋予总结以深刻内涵和情感力量。讲述者要根据故事内容和讲述对象,灵活运用总结与升华的策略,使二者彼此交融、相得益彰。

(二)主题升华策略

在讲述中国故事过程中,如何恰当地升华主题、引导听众深入思考,是一个值得探讨的问题。主题升华不仅能够增强故事的感染力和说服力,而且能引发听众情感共鸣,促进中华文化的传播。要实现主题升华,讲述者需要在叙事过程中巧妙地引入哲理性的思考,引导听众从更高远的视角审视故事所蕴含的深层内涵。

讲述者应深入挖掘故事背后的文化内核和价值理念。每一个动人的中国故事,都凝聚着中华民族的智慧结晶和精神财富。无论是家喻户晓的历史典故,还是鲜为人知的民间传说,都蕴藏着丰富的人文内涵和道德启示。讲述者要以敏锐的洞察力和深邃的思想眼光,揭示故事所折射出的中华文化精髓,引领听众领会其中的哲学意蕴。例如,在讲述"愚公移山"的故事时,讲述者可以着重阐发中国人民百折不挠、坚韧不拔的意志品质和必胜信念,勉励听众以愚公精神对待人生困境,敢于同恶劣环境和顽固势力进行顽强斗争。通过对故事主题的深度诠释,讲述者能够唤起听众心灵的共鸣,引导其在情感体验中完成价值观的重塑。

讲述者还应注重运用多元视角,实现主题的立体呈现。中国故事虽然源远流长、博大精深,但并非一成不变,而是在时代发展中不断焕发出新的生命力。讲述者要以开放包容的心态,用现代眼光审视传统故事,挖掘其中与时代精神相契合的内在要素。同时，还要善于在不同文化间架起沟通的桥梁，用跨文化视角诠释中国故事的世界意义。例如，在讲述"嫦娥奔月"的神话时，讲述者既可以阐述其中蕴含的中国人对美好生活的向往和追求，又可以将其与古希腊的月神崇拜联系起来，揭示人类共通的文化心理和精神追求。通过多元视角的交叉融合，讲述者能够拓展故事的内涵和外延，引导听众在比较与融通中加深对中华文化的理解和认同。

讲述者还要善于把握时机，在关键节点上实现主题升华。故事叙述是一个不断递进、环环相扣的过程。在这个过程中，总有一些特殊的时刻，能够成为主题升华的最佳切入点。这些时刻可能是情节发展的转折点，可能是人物命运的决定时刻，也可能是矛盾冲突的高潮阶段。讲述者要以敏锐的直觉，精准把握这些关键节点，适时引入哲理性的思考，引导听众在情感体验的基础上完成理性思辨。例如，在讲述"岳飞精忠报国"的故事时，可以着重讲述岳飞的"志不忘君、赤胆忠心"，引导听众思考个人理想与国家命运的辩证关系。通过在恰当时机引发深层思考，讲述者能够推动听众在情感共鸣中升华认知，最终实现价值观的重塑和精神境界的提升。

(三)观众共鸣引导

在讲好中国故事的最后环节，切忌忽视结尾的总结与升华。精彩的故事结尾能够引发听众的情感共鸣，帮助他们领悟故事的深层内涵，实现认知和价值观的提升。为实现这一目标，讲述者需要运用恰当的方法和策略，将故事的主题升华到更高的层次。

结尾总结要紧扣主题，提炼故事的核心要义。一个优秀的故事往往蕴含着丰富的思想内涵和价值取向。讲述者要善于从纷繁复杂的情节中抽丝剥茧，提炼出最本质、最重要的内容，使听众印象深刻。这就要求讲述者在故事创作之初就要明确主题，在叙事过程中时刻关注与主题的关联，为最后的升华做好铺垫。同时，结尾部分还要做到言简意赅，避免啰唆赘述，使听众容易抓住重点。

要善于运用多种表现手法，增强结尾的感染力。单调乏味的结尾很难引起听众的共鸣，而生动形象、引人入胜的表达则更容易打动人心。比如，讲述者可以采用比喻、排比等修辞手法，使语言更加生动优美；可以借助诗歌、歌曲等艺术形式，营造特定的意境和氛围；还可以穿插讲述自己的感悟和体会，增强故事的真实性和说服力。灵活运用这些表现手法，能够使结尾更加精彩纷呈，给听众留下深刻印象。

结尾部分还要引导听众思考和践行。优秀的故事不仅能够感动人,更能启发人、鼓舞人。因此,讲述者要善于从故事中提炼出有益的人生哲理或行为准则,引导听众进行反思和实践。例如,用外语讲述一个关于诚信的故事,其结尾可以引导听众思考诚信的重要性,号召大家在生活中、工作中恪守诚信原则。一个关于奋斗的故事,则可以鼓舞听众勇于追求梦想,为实现人生价值而不懈努力。通过这种方式,故事的意义就不再局限于表象,而是深入听众的内心,对他们的认知和行为产生积极影响。

第二节　大学生用外语讲好中国故事的情感与节奏

一、情感投入与表达方式

(一)情感共鸣的建立

在用外语讲好中国故事过程中,情感共鸣的建立是一个至关重要的环节。讲述者只有设身处地地理解故事中人物的心理状态,用心感悟其中蕴含的情感,才能以真挚、动人的方式打动听众,引发共鸣。这种情感共鸣不仅能增强故事的感染力,而且能拉近讲述者与听众之间的距离,促进文化间的交流与理解。

要建立情感共鸣,首先需要深入挖掘故事背后的文化内涵。每个故事都浸润着特定的历史背景和价值观念,蕴含着丰富的民族智慧和审美情趣。讲述者要用心体悟这些内容,领会故事传达的精神和情感。例如,在用外语讲述"孟姜女哭长城"的故事时,要深刻理解孟姜女对丈夫的深沉爱情和勇敢坚毅的品格,感受故事所弘扬的忠贞不渝、大爱无疆的精神。只有全身心投入地去感悟,才能打动人心,引起共鸣。

讲述者要根据听众的文化背景、年龄特点等因素,有针对性地调整情感表达方式。不同国家、不同年龄段的听众,由于成长环境、价值观念的差异,对同一个故事可能会产生不同的情感反应。因此,要善于换位思考,设身处地为听众着想,以他们能够接受和认同的方式来表达情感。例如,在用外语讲述"牛郎织女"的故事时,可以着重描绘牛郎织女纯真美好的爱情,表达对美好事物的向往之情;同时侧重刻画鹊桥相会的情景,抒发对亲情、爱情的追求和眷恋。

讲述者要运用丰富的语言技巧和肢体语言,生动形象地表达情感。声情并茂

　　大学生在语速的控制上要做到合理的变化和节奏感。单一、机械的语速会使故事显得乏味和呆板,难以吸引听众的注意力。要学会在不同的段落、不同的情节之间进行语速的变化,以引导听众的情绪,突出故事的重点。比如,在故事的开头部分可以用较慢的语速介绍背景,渐入佳境时可以逐步加快语速,在高潮部分可以用最快的语速推进情节,而在结尾部分则可以放慢语速,以留给听众回味和思考的空间。

　　语速的把控还要与语音语调、肢体语言等其他表达要素相结合,共同营造出生动、立体的讲述效果。比如,在语速加快的同时,可以提高音量,加强语气,并配以富有张力的手势,以表现人物的激动心情或故事的紧张场面;而在语速放慢的同时,可以降低音量,放缓语调,并配以舒缓、优美的手势,以表现人物的心理活动或故事的抒情氛围。大学生要在综合运用各种表达要素的基础上,找到语速与其他要素的最佳平衡点和结合点。

(二)节奏的多样化运用

　　节奏的多样化运用是大学生用外语讲好中国故事的关键要素之一。在讲述过程中,节奏的变化和把控直接影响故事的吸引力和感染力。恰当地运用节奏,不仅能够营造出跌宕起伏的氛围,吸引听众的注意力,而且能深化故事的主题,引发听众的情感共鸣。

　　节奏作为一种时间的艺术,在语言表达中主要通过语速、停顿、重复、音量等元素来实现。大学生可以通过刻意改变语速,营造出不同的节奏感。比如,在讲述紧张刺激的情节时,适当加快语速,能够渲染紧张氛围,烘托人物的心理状态。反之,在表现人物内心独白或心理描写时,放慢语速,留出思考的空间,能够引导听众沉浸在故事中,体会人物的内心世界。同时,恰到好处的停顿也是塑造节奏的重要手段。短暂的停顿如同音乐中的休止符,能够烘托气氛,引起听众的期待和遐想;而稍长的停顿则能够划分故事的层次,为听众理解和消化信息提供必要的时间。此外,重复某些关键词或短语,也能形成独特的节奏感,加深主题印象。

　　在用外语讲述中国故事时,还需要特别注意节奏的把控。由于语言和文化的差异,大学生要在准确表达的基础上,适当调整节奏,照顾听众的理解和接受能力。一方面,要避免过于平铺直叙、节奏单一,导致故事索然无味。另一方面,要防止节奏过于跳跃、变化过快使听众难以跟上思路,需要在多次练习中,不断调整和优化节奏,找到最佳的表达方式。

此外,节奏的运用还要服务于故事的主题和内容。不同性质的故事需要采用不同的节奏模式。例如,轻松幽默的故事可以运用较为灵活跳跃的节奏,渲染欢快气氛;而严肃正式的故事则需要采用相对平稳、铿锵有力的节奏,彰显主题的深度和力量。大学生要深入分析故事的内在逻辑,把握故事的情感基调,在此基础上合理运用节奏,使之与故事内容和谐统一。

三、语音语调与肢体语言运用

(一)语音语调的变化

在用外语讲述中国故事过程中,语音语调的变化是一个不容忽视的重要方面。恰当地运用语音语调,能够使故事更加生动有趣,增强表达效果,吸引听众的注意力。同时,语音语调的变化也能够传达大学生的情感态度,使听众更好地理解和体会故事的内涵。

语音语调的变化主要包括语音的高低、强弱、长短、快慢等。大学生可以通过调整语音的音高来表达不同的情绪,如提高音调表达惊讶、兴奋等,降低音调表达沉重、悲伤等。同时,可以通过改变语音的强弱来强调重点内容,如加重某个词语的读音,以引起听众的注意。此外,语音的长短变化也能够营造出不同的氛围,如缩短语音表达紧张、急促的感觉,延长语音营造舒缓、抒情的氛围。

在运用语音语调变化时,需要把握好度,做到自然得体,避免过于夸张或做作。一方面,大学生要根据故事内容和情感基调,合理地运用语音语调变化,使之与故事相得益彰。例如,在讲述一个激动人心的故事片段时,可以适当提高音调,加快语速,营造出热烈的氛围;而在讲述一个悲伤的故事情节时,则可以降低音调,放慢语速,表达沉重的情感。另一方面,大学生还要考虑到听众的接受程度,不同的听众对语音语调变化的感受和偏好可能有所不同。因此,大学生要根据听众的特点,灵活调整语音语调,使之易于得到听众接受和理解。

此外,在用外语讲述中国故事时,还要特别注意母语负迁移的影响。由于中英文在语音、语调等方面存在差异,大学生可能会不自觉地将汉语的语音语调习惯带入英语表达中,造成语音语调不自然、不得体的问题。为了避免这种情况,一方面要加强英语语音语调的学习和练习,熟悉英语的发音规则和语调特点;另一方面要多听多练,模仿母语者的语音语调,尽量减少母语负迁移的影响。

（二）肢体语言的辅助作用

在用外语讲述中国故事过程中，肢体语言发挥着不可或缺的辅助作用。肢体语言作为一种非语言交际方式，能够传递丰富的情感和态度信息，增强语言表达的感染力和说服力。恰当运用肢体语言，不仅能够弥补语言表达的不足，更能营造生动形象的讲述氛围，提升听众的参与感和共鸣感。

从跨文化交际的角度来看，肢体语言在跨越语言障碍、促进文化理解方面具有独特优势。由于文化背景和语言习惯的差异，仅凭口头语言表达有时难以准确传达信息和情感；而肢体语言作为一种相对通用的交际方式，能够直观地呈现大学生的情绪和态度，帮助听众理解语言背后的深层含义。例如，可以通过丰富的面部表情、手势动作和身体姿态，生动地再现故事情节，表现人物性格，营造现场氛围，使听众更加身临其境地感受中国文化的魅力。

具体来说，在用外语讲述中国故事时，大学生可以有意识地运用以下肢体语言技巧。

第一，注重面部表情的表现力。面部表情是最直接、最真实地反映情绪和态度的窗口。大学生应根据故事内容和情感基调，适时调整面部表情（如微笑、惊讶、悲伤等），以增强语言表达的感染力。

第二，合理运用手势和身体动作。手势和身体动作能够形象地描绘事物，表现动作，烘托气氛。大学生可以用手势勾勒出故事中的场景和人物，用身体动作模仿人物的行为举止，使故事更加生动立体。

第三，注意肢体语言的节奏和力度。肢体语言的节奏和力度应与语言表达相互呼应，相得益彰。在讲述高潮或重点时，可以适当加大手势和身体动作的幅度，提高语速和音量；在叙述平缓或抒情时，则可以放慢节奏，柔和动作，营造意境。

值得注意的是，在跨文化交际中运用肢体语言时，还需要考虑文化差异对肢体语言理解的影响。不同文化对肢体语言的理解和偏好存在差异，某些手势或动作在一种文化中可能是积极正面的，但在另一种文化中却可能具有相反的意义。因此，大学生应提前了解目标听众的文化背景，尽可能选择通用、礼貌、得体的肢体语言，避免引起不必要的误解和冒犯。同时，还应注重肢体语言与语言表达的协调一致，切忌出现肢体语言与语言信息相矛盾的情况，以免影响表达效果和公信力。

四、情感与节奏的协调统一

(一)情感与节奏的同步

情感是连接讲述者与听众的桥梁,它能够跨越语言和文化的界限,直击人心。一个充满情感的故事,能够激发听众的共鸣,让他们在异国文化的语境中感受到中国文化的魅力。节奏则是故事推进的脉搏,它决定了故事的起伏和张力,使听众在跟随故事发展的过程中保持兴趣和专注。因此,大学生在讲述中国故事时,必须注重情感与节奏的同步,通过细腻的情感表达和恰当的节奏控制,使故事更加生动、感人。

情感是讲好中国故事的核心。讲述时,首先需要对中国文化有深入的了解和感受。这包括对中国的历史、传统、习俗以及当代社会的变迁有全面的认识。只有真正热爱并理解自己的文化,才能在讲述中流露出真挚的情感。在情感表达上,可以借鉴中文表达中的细腻与含蓄,通过外语的词汇选择和句式结构,传达出中国人特有的情感色彩。例如,在讲述春节的故事时,可以通过描述家人团聚的温馨场景、年夜饭的丰盛美味以及守岁的传统习俗,让听众感受到中国人对家庭和亲情的深厚情感。同时,利用外语中的比喻、拟人等修辞手法,增强语言的感染力和表现力,使情感更加饱满和立体。

节奏是讲好中国故事的关键。一个好的故事,不仅要有丰富的情节和深刻的情感,还要有恰到好处的节奏。节奏过快,听众可能无法跟上故事的进展,产生困惑和疲惫;节奏过慢,则可能使听众失去兴趣,感到乏味。大学生在讲述中国故事时,要根据故事的情节发展和情感变化,灵活地调整节奏。在描述背景、介绍人物时,可以保持平稳的节奏,让听众对故事有一个清晰的认识;在讲述关键情节、高潮部分时,则可以加快节奏,营造出紧张的氛围;在表达细腻情感、反思总结时,则可以放慢节奏,让听众有足够的时间去感受和思考。同时,还可以利用停顿、重复等技巧来强化节奏的效果。在讲述过程中,适当的停顿可以给听众留下思考的空间,增强故事的悬念和吸引力;而重复某些关键词汇或短语,则可以加深听众对故事主题和情感的印象。

情感与节奏的同步是讲好中国故事的高级境界。大学生在讲述过程中,要将情感与节奏紧密结合,使两者相互映衬、相得益彰。在情感表达上,要注重细腻和真实,通过声音的变化和语言的运用,传达出中国人特有的情感色彩;在节奏控制上,要根据故事的情节发展和情感变化,灵活地调整节奏,使故事更加流畅和动人。

(二)故事叙述的流畅性

在讲述中国故事的过程中,情感和节奏的巧妙融合是提升表达效果的关键。优秀的讲述者往往能够将情感充分注入故事之中,通过语速、语调的变化,肢体语言的辅助,使听众产生共鸣,身临其境地感受中国故事的魅力。同时,讲述者需要把握好故事的节奏,在恰当的时机营造情感高潮和低谷,引导听众的情绪随之起伏,从而增强故事的吸引力和感染力。

情感的投入是故事讲述中不可或缺的元素。一个优秀的讲述者应能用心体会故事中蕴含的情感,并将其转化为自己的情感体验。在讲述过程中,要善于利用声音和表情,传递出喜怒哀乐等丰富的情感。例如,在讲述一个悲伤的故事片段时,可以放慢语速,降低音量,配合悲伤的表情,营造出悲凉的氛围;而在讲述一个振奋人心的故事高潮时,则可以提高音量,加快语速,用激昂的语调和充满希望的表情感染听众。通过情感的充分表达,讲述者能够拉近与听众的距离,引发情感共鸣,使听众更加投入地聆听故事。

除了情感投入,节奏的把控也是讲述故事的重要技巧。一个优秀的故事往往具有起承转合的完整结构,讲述者需要根据故事的内容和情感走向,灵活调整讲述的节奏。在故事的开头部分,可以用平缓的语速引出故事背景,吸引听众的注意力;随着故事情节的发展,要适时加快节奏,渲染气氛,烘托情感;在故事的高潮部分,需要控制好节奏,适当停顿,给予听众思考和回味的空间;而在故事的结尾处,则可以放缓语速,以平和的语调总结故事内容,留下余韵。节奏的巧妙运用能够使故事的情感呈现更加丰富多彩,带给听众更加生动的聆听体验。

运用节奏感的另一个重要方式是营造情感高潮和低谷。在讲述过程中,讲述者要善于捕捉故事中的情感转折点,通过语速、语调、肢体语言等方式,塑造出强烈的情感反差。例如,在讲述一个历经磨难后获得成功的励志故事时,讲述者可以先用低沉的语调描述主人公的困境,渲染悲伤、绝望的情感低谷;而在主人公奋起反抗、最终取得胜利时,讲述者则可以骤然提高音量,以昂扬的语调描绘振奋人心的情感高潮。情感高潮和低谷的交替营造,能够唤起听众强烈的情感体验,使故事更具感染力。

第三节　大学生用外语讲好中国故事的互动与反馈

一、听众分析与互动策略

(一)听众类型识别

识别听众的类型对于用外语讲好中国故事至关重要。不同的听众群体在文化背景、知识结构、兴趣爱好等方面存在显著差异,这就要求讲述者能够准确把握受众特点,有针对性地设计讲述内容和方式。只有深入了解听众的需求和期待,讲述者才能找准切入点,增强故事的吸引力和感染力。

从文化背景的角度来看,不同国家和地区的听众对中国文化的了解程度不尽相同。对于文化背景与中国相近的听众,大学生可以适当增加故事的深度和广度,引入更多的文化内涵和历史细节;而对于文化背景差异较大的听众,则需要注重故事的通俗性和易理解性,避免使用过于专业或晦涩的词汇,适当补充必要的背景知识,帮助听众理解故事内容。同时,要敏锐地捕捉不同文化背景听众的兴趣点和关注重点,有针对性地选取和组织故事材料,以激发共鸣。

从知识结构的角度来看,不同的听众群体对中国的历史、政治、经济、社会等方面的认知水平也存在差异。面对知识储备较为丰富的听众,大学生可以适当增加故事的信息密度,引入更多的数据、案例和理论分析,以满足听众的求知欲;而面对知识储备相对匮乏的听众,则需要控制信息量,将复杂的内容转化为通俗易懂的表达,注重故事的趣味性和生动性,调动听众的情感体验。

从兴趣爱好的角度来看,不同的听众群体对中国故事的偏好也各不相同。有的听众对中国的古代历史和传统文化更感兴趣,有的听众则对中国的现代化发展和科技成就更感兴趣。大学生需要全面了解听众的兴趣取向,有的放矢地选择故事主题和内容,既要满足听众的普遍需求,又要兼顾不同群体的特殊偏好,力求做到全面均衡、各有侧重。同时,还要善于发掘新颖的故事素材,创新讲述视角和方式,不断拓展听众的兴趣领域。

此外,大学生还要注重对不同年龄、性别、职业等听众群体的细分和研究。不同年龄段的听众对故事内容的接受能力和理解深度不尽相同,这就要求大学生在语言表达、逻辑结构等方面进行有针对性的调整和优化。不同性别的听众在情感体验和价值取向上也可能存在差异,大学生要善于把握不同性别听众的心理特点,灵活运用亲和力和说服力。不同职业的听众则可能对故事的实用性和专业性提出不同要求,大学生要善于将中国故事与听众的职业背景相结合,增强故事的现实意义和应用价值。

(二)互动方式选择

互动方式的选择应根据听众的特点、讲述内容以及预期效果来确定。对于不同类型的听众,采取差异化的互动策略至关重要。例如,面对青少年听众,可以运用有趣的问答、头脑风暴等参与式互动,调动他们的积极性;而面对专业人士,则需要采取更为严谨、深入的互动方式(如专题讨论、案例分析等),以激发他们的思考和碰撞。

此外,互动方式的选择还要考虑到讲述内容的特点。如果内容偏向抽象、理论,可以通过类比、举例等互动方式帮助听众理解;如果内容生动有趣,则可以运用情景模拟、角色扮演等互动形式,让听众身临其境地感受。同时,针对不同的讲述主题,大学生需要灵活调整互动节奏和频率,避免过于频繁或冗长的互动打断讲述的连贯性。

互动方式的最终目的是取得预期的讲述效果,包括知识的传递、思维的启发、情感的共鸣等。为此,大学生需要根据互动过程中听众的反馈及时调整互动策略。例如,当发现听众兴趣不高时,可以通过提问、抽奖等方式重新吸引他们的注意力;当听众出现分歧或疑惑时,则需要进行必要的引导和补充说明。

不同的互动方式各有优势,关键在于能够根据实际情况进行恰当选择和灵活运用。一方面,要发挥不同互动方式的特点,营造轻松愉悦、积极向上的互动氛围;另一方面,要注重互动的针对性和有效性,确保互动过程始终围绕讲述主题,服务于总体目标。

二、提问与回答的技巧

(一)有效提问方法

有效提问是激发听众思考、引导听众互动的重要手段。在用外语讲述中国故事的过程中,巧妙地设计和使用提问,能够增强讲述的吸引力和感染力,促进听众的积极参与和深度理解。

提问应紧密联系讲述内容,围绕核心主题展开。大学生可以针对中国故事中的关键情节、人物特点、文化内涵等设计问题,引导听众深入思考故事背后的意义和价值。例如,在讲述"牛郎织女"的传说时,可以提出"为什么牛郎和织女的爱情故事能够流传千年并深入人心"这样的问题,引发听众对爱情、忠贞的思考。同时,提问应考虑到跨文化交流的特点,注重中西方文化差异,选取能够引起听众共鸣的问题。例如,在介绍中国的饮食文化时,可以问"你所在的国家有哪些特色美食?它们体现了什么样的文化内涵?"这样的问题不仅能够唤起听众的兴趣,还能促进中外文化的交流和碰撞。

有效的提问应具有开放性和启发性。开放性问题没有标准答案,能够激发听众从不同角度思考问题,表达自己的看法。比如,在讲述"孔子及其思想"时,可以问"你认为孔子的哪些思想在当今社会仍然具有现实意义?为什么?"这种问题能够调动听众的分析和评判能力,引发多元化的思考和讨论。同时,启发性问题应循序渐进、环环相扣,引导听众逐步深化对问题的理解。例如,在介绍长城时,可以先问"你知道长城的修建过程中有哪些困难和挑战吗?"待听众回答后再追问"那么古代中国人是凭借什么样的精神才能克服重重困难,建造出这一伟大工程呢?"这种层层深入的问题设计,能够帮助听众更全面、更深刻地领会长城所蕴含的民族精神和文化价值。

提问的方式和时机选择也很关键。在讲述过程中适时穿插提问,能够吸引听众注意力。但提问不宜过多,以免干扰讲述的连贯性和完整性。同时,提问方式要灵活多样,可以采取直接发问、抛砖引玉、设疑释惑等方式,激发听众的好奇心和求知欲。比如,在讲述"丝绸之路"的历史时,可以先问"大家知道丝绸之路的起点和终点分别在哪里吗?"调动听众已有的知识储备;接着可以说"其实关于丝绸之路的起点和终点,历史上还有不同的说法,你们想知道为什么吗?"以悬念的方式吊起听众胃口,引出后续的讲述内容。

提问环节还要注重对听众反馈的关注和回应。大学生要认真倾听听众的回答和发言,给予积极的肯定和鼓励,并适时引导讨论的方向,使其不断深入。对于听众提出的疑问,大学生要耐心解答,必要时可以举例说明,帮助其消除疑惑。比如,如果有听众问"丝绸之路上都运输哪些商品?它们对中外经济文化交流产生了什么影响?"大学生可以列举一些具体的物品(如丝绸、瓷器、茶叶等),并阐释它们在传播过程中产生的文化融合和经济繁荣效应,加深听众的理解和印象。

（二）回答策略设计

在用外语讲述中国故事时，回答听众提问是一个重要而复杂的环节。不仅需要对所讲内容有深入的理解，还要根据现场氛围和听众反应，灵活运用各种回答策略，以最恰当、最有效的方式传递信息。这既考验讲述者的语言表达能力，也考验其临场应变和人际交往能力。

设计合理的回答策略，需要大学生对听众有充分的了解。不同的听众群体在知识背景、文化视角、思维方式等方面存在差异，这就要求根据听众特点有针对性地调整回答方式。例如，面对具有相关专业背景的听众，大学生可以适当增加专业术语的使用频率，进行更深入的阐述；而面对非专业背景的听众，则应尽量避免使用晦涩难懂的表达，应该用通俗易懂的语言解释复杂的概念。

恰当的回答策略还应兼顾全面性和重点性的平衡。听众提出的问题往往涉及多个层面，既要全面把握，又要抓住核心要点，避免陷入细枝末节的讨论中。在实际回答中，大学生可以采取总分总的结构，先对问题进行概括总结，然后有重点地展开分析，最后再次强调关键信息。这样的回答方式不仅逻辑清晰，也有利于听众快速理解和记忆要点。

此外，有效的回答还应融入大学生的独特见解和真诚情感。与其机械地复述既有观点，不如结合自身体验提出新颖独到的看法。这不仅能够引发听众的共鸣，也能彰显大学生的个人魅力。当然，在表达个人观点时也要注意分寸，避免过于偏颇或极端的言论。真诚、谦逊、尊重的态度始终是回答问题时应秉持的原则。

值得一提的是，在跨文化交流的语境下，大学生还应注重回答的文化适切性。不同文化背景下，人们对于话语的得体性有不同的判断标准。需要了解听众所处的文化氛围，审慎斟酌用词，避免因文化失误引起误解甚至冒犯。同时，适度融入中国元素，既可以拉近与听众的文化距离，也能够增强故事的吸引力和感染力。

回答策略的设计还应是动态调整的过程。讲述过程中，听众的反应是一个重要的参考依据。要敏锐地捕捉听众的微表情和肢体动作，根据现场氛围即时调整回答的节奏、深度和侧重点。这就要求大学生不仅要对回答内容了然于胸，还要对回答技巧驾轻就熟，真正做到与听众互动、共情。

三、现场氛围的感知与调整

(一)氛围观察技巧

氛围观察是讲述者在用外语讲好中国故事过程中必须掌握的关键技能之一。讲述现场的氛围会直接影响听众的注意力、兴趣和参与度,进而决定讲述的效果。因此,讲述者需要敏锐地感知现场氛围的变化,及时作出恰当的调整,以保证讲述活动的顺利进行。

观察听众的反应是把握现场氛围的重要途径。大学生在讲故事时应密切关注听众的表情、肢体动作和互动情况,从中捕捉他们的情绪变化和兴趣所在。如果听众表现出疑惑、不解的神情,需要及时停下来解释相关背景知识;如果听众露出厌倦、走神的表情,要想办法调动他们的注意力——可以穿插一些幽默趣味的小故事或互动提问;如果听众对某个话题表现出浓厚兴趣,则可以在这个话题上多作展开,深入挖掘其中的文化内涵。总之,要学会"读懂"听众,根据他们的反馈及时调整讲述节奏和内容,才能真正做到因材施教、因势利导。

善于观察和利用讲述环境也是营造良好氛围的有效手段。一个舒适、安静、光线适宜的讲述环境能够让听众放松身心,专注聆听;而吵闹、杂乱的环境则会分散听众注意力,削弱讲述效果。因此,要注意选择合适的讲述场所,尽可能地营造一个良好的环境。同时,还可以灵活利用环境中的道具,为讲述增添生动形象的元素。例如,在用外语介绍中国的茶文化时,可以现场泡一壶茶,一边品茗一边娓娓道来,让听众身临其境地感受茶香和韵味;在用外语讲述昆曲艺术时,也可以适时播放一段昆曲演出的视频,让听众直观地欣赏到它的神韵和魅力。恰到好处地利用环境,能够为讲述锦上添花,为营造氛围助一臂之力。

自身的形象和表现也是塑造现场氛围的关键因素。一个自信、热情、仪表得体的大学生更容易赢得听众的信任和好感,营造出积极向上的讲述氛围。相反,一个态度冷漠、语言生涩、形象邋遢的大学生则难以调动听众的情绪,讲述氛围也会变得沉闷低迷。因此,大学生要注重自身形象的塑造,以饱满的热情投入讲述,用清晰流畅的语言表达内容,同时注意肢体语言的运用(如目光的交流、手势的辅助等),力求给听众留下积极正面的印象。大学生的人格魅力和语言魅力是吸引听众、感染听众的法宝,是营造良好氛围的内在动力。

(二)氛围调整方法

氛围观察是现场氛围调整的前提和基础。大学生需要时刻关注听众的反应，捕捉他们的情绪变化和兴趣所在。这就要求大学生具备敏锐的洞察力和同理心，能够站在听众的角度去感知他们的需求。例如，大学生可以观察听众的表情、眼神、肢体动作等非语言信息，判断他们是否专注、疑惑、厌倦或兴奋。同时，还应留意听众的提问和互动，从中发现他们真正感兴趣的话题。只有全面、准确地把握现场氛围，才能有的放矢地进行调整。

根据氛围观察的结果，大学生可以采取多种方式来调整现场氛围，提升讲述效果。当发现听众注意力不集中时，可以适当变换语调和节奏，加入幽默风趣的元素，激发他们的兴趣。对于听众提出的问题，应给予高度重视，耐心解答，并借此机会深入阐述相关内容，满足听众的求知欲。如果讲述内容过于抽象或枯燥，可以穿插一些生动形象的案例或故事，帮助听众理解和记忆。此外，适时安排互动环节(如提问、讨论、游戏等)，也能有效地调动听众的积极性，活跃现场氛围。

值得注意的是，现场氛围调整并非一蹴而就，而是一个动态持续的过程。大学生需要在讲述全程保持对氛围的关注，根据听众的实时反馈不断优化讲述方式。同时，还应具备一定的临场应变能力，能够灵活处理突发状况，化解可能出现的尴尬或冷场。只有做到实时监控、及时调整，才能真正掌控现场氛围，取得理想的讲述效果。

四、反馈收集与及时调整方法

(一)反馈渠道选择

选择合适的反馈渠道是收集有效反馈的关键。在大学生用外语讲好中国故事的实践中，反馈渠道的选择应立足听众特点、讲述内容和讲述环境等因素进行综合考量。针对不同类型的听众，讲述者需要采取与之相适应的反馈方式。例如，面对青少年听众，可以采用趣味性更强的互动游戏、即时提问等形式，收集他们对故事内容的理解和疑问；而面对专业人士，则需要通过学术研讨、深度访谈等方式，获取更专业、深入的反馈意见。

同时，反馈渠道的选择还要考虑讲述内容的特点。如果是针对历史文化类故事的讲述，可以引导听众在讲述过程中提出自己的看法，激发思考和讨论；如果是介绍先进科技成果的故事,则可以通过现场演示、体验等方式,让听众直观感受科技创新的魅力,收集他们的使用感受和改进建议。

此外,讲述环境也是影响反馈渠道选择的重要因素。在正式场合(如国际会议、博览会等),可以通过发放调查问卷、设置反馈箱等正式渠道收集听众反馈;而在非正式场合(如文化交流活动、校园讲座等),则可以采用更灵活的方式(如现场互动、交流讨论等),鼓励听众畅所欲言,表达真实想法。

值得注意的是,反馈的收集只是第一步,更重要的是要对反馈内容进行认真梳理和分析。一方面,讲述者要从中发现自身存在的不足(如语言表达不清晰、故事结构不完整、与听众互动不够等),并有针对性地加以改进;另一方面,还要挖掘听众的真实需求和期待,以不断优化故事内容,提升讲述效果。

(二)调整策略实施

良好的调整策略是有效实施讲述反馈的关键,它能帮助大学生根据听众反馈及时优化讲述内容和方式,最大限度地提升讲述效果。在制定调整策略时,需要综合考虑听众的认知特点、兴趣偏好、接受能力等因素,因材施教,因势利导。

对于认知能力较强、学习兴趣浓厚的听众,可以适当增加讲述内容的深度和广度,引入更多拓展性知识,鼓励其进行主动探究和创新思考;而对于认知基础薄弱、注意力不集中的听众,则需要简化讲述内容,突出重点,采用形象生动的案例和譬喻,帮助其建立起基本的认知框架。

在讲述过程中,还应密切关注听众的反应,捕捉其疑惑、不解、兴趣减退的信号。一旦发现问题,要及时调整讲述节奏和方式(可以穿插提问、互动),活跃讲述气氛,重新吸引听众注意力。对于听众提出的疑问,要耐心解答,但不应完全被动,而是要主动引导,启发听众从不同角度、更高层次思考问题。

此外,在听众已经理解掌握讲述内容后,大学生还要进一步引导其内化知识,学以致用。可以设计一些开放性的任务,鼓励听众将所学知识运用到实际场景中,在实践中加深理解,提升运用能力。同时,要引导听众反思、总结学习收获,梳理知识脉络,构建完整的知识体系。

第五章　大学生用外语讲好中国故事的实践

第一节　口头讲述与演讲实践

一、口头讲述的技巧与训练

(一)发音与语调训练

准确、地道的语音语调不仅能够帮助听众更好地理解话语内容,更能体现出说话人良好的语言修养和文化素养。对于习得外语的学习者而言,发音与语调的训练更是一项基础性、持续性的任务。语音学研究结果表明,语音的准确性直接影响语言理解的效率和准确率。发音不准确、语调不自然,不仅会引起误解,甚至会导致交际障碍。因此,外语学习者必须高度重视语音语调训练,通过科学系统的方法提升语音语调水平,为有效的跨文化交际奠定基础。

语音语调训练应遵循语音学和心理语言学规律,采取循序渐进、反复强化的策略。大学生要掌握语音学基本原理,了解发音部位、发音方法等理论知识,对目的语语音系统有一个全面认识。在此基础上,要通过大量的模仿练习,在语音语调的声、韵、调、音变等方面提高准确性。优秀的外语学习者往往能够敏锐地捕捉到目的语中细微的语音差异,并下意识地加以模仿,久而久之形成稳定的语音语调。

有效的语音语调训练离不开多样化的训练手段。传统的语音教学往往以教师示范、学生跟读为主,这种训练方式虽然必要,但略显单一。随着信息技术的发展,语音语调训练可以采取更加丰富、灵活的形式。例如,可以借助在线语音识别系统,获得即时反馈;利用语音分析软件,直观了解自己语音的声学特征;通过在线语音社区,与来自不同国家的语伴进行交流。这些手段能够增强语音语调训练的趣味性和互动性,提高积极性。

此外,语音语调训练还应注重语境化和个性化。语音学研究结果发现,语音语调与语境密切相关。同一个词、同一个句子在不同语境中的语音语调可能大相径庭。因此,语音语调训练不能脱离具体语境,而应将语音训练与日常交际情景相结合,体会语音语调的语用功能。例如,通过角色扮演、情景对话等方式,大学生可以在模拟的交际场景中运用所学语音知识,感受语音语调的变化。

(二)逻辑结构的构建

逻辑结构是口头讲述中不可或缺的重要因素。大学生需要通过合理的逻辑组织,将零散的信息和观点串联成有机的整体,使听众能够清晰地理解和记忆核心内容。构建科学、严谨的逻辑结构,不仅有利于提升讲述的说服力和感染力,更能体现思维能力和知识储备。

在逻辑结构的构建过程中,大学生首先要明确主题,确定讲述的核心内容和目标。主题是一切逻辑组织的出发点和归宿点,只有围绕主题展开,才能保证内容的聚焦性和一致性。确定主题后,要对相关材料进行梳理和筛选,提炼出最能支撑主题的论点和论据。这些论点和论据应具有内在的逻辑关联,既相对独立,又相互支持、相互印证,最终形成一个完整、有说服力的逻辑链条。

在组织论点和论据时,可以采用多种逻辑结构模式,如时间顺序、空间顺序、因果关系、对比分析等。不同的逻辑模式适用于不同类型的主题和材料,大学生需要根据具体情况灵活选择。例如,在讲述历史事件时,往往采用时间顺序的逻辑结构;在阐述地理现象时,则多采用空间顺序;在分析社会问题时,因果关系的逻辑结构更为常见。无论采用何种逻辑模式,都要注重论证的严密性和连贯性,确保论点之间前后呼应、层层递进,不留逻辑漏洞。

除了论点和论据的逻辑组织,还要通过恰当的过渡语和连接词,将不同的内容单元自然、流畅地衔接起来。巧妙的过渡不仅能够引导听众的思路,提示话题的转换,还能增强语言的韵律感和节奏感,给人以舒适、优雅的听觉享受。相反,生硬、突兀的过渡则会打断听众的思维,影响内容的传递效果。因此,要学会运用多样化的过渡技巧,如设疑、举例、引用等,增强讲述的连贯性和流畅性。

此外,大学生还应根据听众的特点和接受能力,对逻辑结构进行适当调整。不同的听众群体在年龄、学历、文化背景等方面存在差异,他们对信息的理解和接纳程度也各不相同。面对普通大众,要尽量使用浅显易懂的语言,适当减少专业术语的使用,将复杂的逻辑关系简单化;面对专业人士,则可以适当增加信息的密度和深度,运用更为严谨、专业的逻辑分析,以彰显自身的学术功底。总之,要对听众的需求有敏锐的洞察力,据此优化逻辑结构,实现"量体裁衣"式的讲述。

(三)听众分析与适应

听众分析与适应是口头讲述和演讲成功的关键因素之一。在准备演讲或讲述时,大学生需要深入了解听众的背景、需求和期望,并根据这些信息调整自己的内容和表达方式,以取得最佳的交流效果。

听众的背景信息(如年龄、职业、文化水平等),决定了他们对演讲主题的熟悉程度和理解能力。针对不同背景的听众,需要调整内容的深度和广度。例如,面对专业背景的听众,可以使用更多的专业术语和深入的分析;而面对非专业背景的听众,则需要使用通俗易懂的语言,并提供必要的背景知识介绍。

听众的需求和期望也是影响演讲效果的重要因素。不同的听众参与演讲的目的各不相同,有的是为了获取信息,有的是为了寻求解决方案,有的则是为了娱乐放松。需要明确听众的需求,并围绕这些需求组织内容。同时,要注意不辜负听众的期望,在演讲中提供有价值、有意义的信息,满足他们的求知欲和好奇心。

再者,大学生还需要考虑听众的注意力和接受能力。人的注意力是有限的,演讲时间过长或内容过于枯燥,都可能导致听众的注意力下降。因此,需要合理安排演讲时间,并运用恰当的语言、幽默和互动等手段,保持听众的兴趣和参与度。同时,还要注意演讲内容的逻辑性和连贯性,避免信息过载或跳跃性过大,以便听众更好地理解和吸收。

大学生还要注意与听众建立情感联系。演讲不仅是信息的传递,更是思想的交流和情感的共鸣。通过真诚、友善的态度,以及恰当的自我披露和示例分享,可以拉近与听众的距离,增强彼此的信任和理解。当听众感受到大学生的诚意和热情时,他们也更容易接纳演讲的内容,并产生共鸣。

二、演讲的构思与准备

(一)主题选择与聚焦

演讲主题的选择与聚焦是演讲准备过程中的关键环节。一个优秀的演讲主题应当具备三个基本特征:切合听众需求、彰显演讲者特色、紧扣时代脉搏。只有在这三个方面达到平衡,才能确保演讲主题的吸引力和感染力,引发听众的共鸣和思考。

从听众需求的角度来看,演讲主题应当契合听众的兴趣爱好、知识背景和认知水平。不同的听众群体对演讲内容有不同的期待,大学生需要深入研究目标听众的特点,找准他们关注的热点问题和迫切需要解决的现实困惑。只有站在听众的立场上思考,以听众的需求为导向,才能选择出真正打动人心的演讲主题。同时,演讲主题还应体现大学生的独特视角和鲜明立场。讲述中国故事应当立足自身的专业特长和成长经历,善于从平凡生活中发现闪光点,从日常观察中提炼深刻见解。用个人化的视角诠释中国故事,以真挚的情感表达家国情怀,方能彰显演讲主题的独特魅力。

此外,优秀的演讲主题还应紧扣时代发展的脉搏。当今世界正处于百年未有之大变局,中国的发展日新月异,中外文化交流日益频繁。新时代大学生应当关注国家发展大势,把握中外文化互鉴机遇,选择那些反映时代主题、展现中国风采的演讲主题。讲好中国减贫脱贫的励志故事,讲好中国科技创新的崛起传奇,讲好中华优秀传统文化的时代价值,用青春的声音传播中国好声音。只有与时代同频共振、与社会发展同向同行的演讲才能引发更广泛的关注和思考。

(二)资料收集与整理

大学生需要根据主题广泛搜集相关资料(包括文献资料、统计数据、案例素材等),为演讲内容的生成提供充足的信息来源。在搜集资料的过程中,应注意资料的权威性和可靠性,尽量选择来自官方网站、学术期刊、专业书籍等渠道的高质量资料。同时,资料的时效性也不容忽视,应关注与主题相关的最新进展与动态,使演讲内容紧跟时代步伐。

搜集到的资料往往纷繁芜杂,需要进行系统的整理和分析。可以根据资料的内容属性(如理论依据、现状分析、问题探讨、对策建议等)进行分类,从而梳理出资料之间的逻辑关系。在整理过程中,还应筛选出与主题密切相关、有说服力的核心资料,剔除冗余、无关的信息,提炼出资料的精华内容。通过对资料的归纳总结,能够深入把握演讲主题的脉络,厘清论证思路。

(三)演讲稿的撰写

演讲稿是演讲成功与否的关键。一份优秀的演讲稿能够为演讲者提供清晰的思路和有力的支撑,帮助其更好地表达观点、传递信息、感染听众。因此,演讲者必须高度重视演讲稿的撰写,并掌握相应的技巧和方法。

撰写演讲稿的首要任务是确定主题和中心思想。演讲主题应紧扣活动主旨,切合听众需求,具有时代性和针对性。同时,主题还要新颖独特,能够吸引听众的注意力。中心思想则是贯穿整个演讲的灵魂,它集中体现演讲者的观点和态度,需要言简意赅、鞭辟入里。确定了主题和中心思想后,演讲者要围绕其展开论证和阐述,使之成为演讲稿的主线。

演讲稿的内容要充实丰富、论据充分、结构完整。在内容选择上,要全面考虑听众的知识背景、兴趣爱好和接受能力,选取那些能够引起共鸣、启发思考的素材。论据方面,要努力做到数据可靠、事例典型、逻辑严密,增强说服力和感染力。在结构安排上,要使演讲稿层次分明、重点突出、环环相扣。同时,恰当运用引言、过渡、结尾等元素,增强演讲的连贯性和完整性。

语言是演讲稿的外在表现形式,对于演讲效果有着直接影响。优秀的演讲语言应该生动活泼、通俗易懂、富于感染力。这就要求演讲者在用词造句上力求准确、简洁、新颖,避免使用晦涩难懂的专业术语和冗长累赘的句式。同时,要根据演讲内容和情感基调,恰当运用比喻、排比、设问等修辞手法,增强语言的表现力和艺术感染力。值得注意的是,书面语和口语在语言风格上存在一定差异,演讲稿应更多地采用口语化表达方式,便于演讲者据之发挥。

三、演讲中的语言表达与肢体语言

(一)语言的清晰与准确

首先要确保语言表达的准确性。这意味着要使用准确、专业的术语,避免模棱两可或易引起歧义的表述。尤其是在讲述事实、数据、观点时,更要慎重选词,力求准确到位。例如,在介绍科研成果时,使用专业术语能够彰显大学生的学术素养,增强说服力;在阐述政策法规时,准确引用条文能够提升演讲的权威性。唯有语言准确,才能确保听众对演讲内容的正确理解,避免不必要的误读。

同时,要注重语言表达的清晰性。这就要求大学生的语言要简洁明了,层次分明,避免冗长累赘或前后矛盾的表述。在组织语言时,要注意把握重点,突出关键信息,适当使用递进、对比、列举等语言技巧,使听众能够轻松跟随演讲的思路。同时,语速、音量、语气等语言要素也要把控得当,切忌过快、过慢、过激,保证听众能够清晰地听到并理解每一个字词。唯有语言清晰,才能最大限度地降低演讲内容的理解难度,提高听众的接受程度。

此外,还要追求语言表达的生动性。生动的语言能够吸引听众的注意力,激发他们的兴趣,加深他们对演讲内容的印象。为此,可以适当穿插恰当的比喻、排比、引用等修辞手法,使语言更加形象、有感染力。例如,在阐述创业历程时,以"创业之路就像爬山,必须坚持不懈,才能到达山顶"的比喻,能够生动形象地表达创业的艰辛;在号召听众践行环保时,使用"保护环境,人人有责"的句式,能够营造气势恢宏、震撼人心的效果。唯有语言生动,才能最大程度地调动听众的积极性,增强演讲的感染力和号召力。

(二)手势与面部表情

在演讲中,手势与面部表情是传递信息、表达情感的重要非语言手段。恰当运用手势与面部表情,能够增强演讲的感染力和说服力,使大学生的言语更加生动、形象,同时也能够拉近与听众之间的距离,营造良好的互动氛围。反之,如果手足无措或面无表情,就会大大削弱演讲的魅力,甚至产生负面影响。因此,掌握并灵活运用手势与面部表情的技巧,对于提升演讲效果至关重要。

从认知心理学的角度来看,手势和面部表情在人类信息加工过程中发挥着独特的作用。一方面,生动的手势能够帮助听众建构具体、形象的心理表征,加深对演讲内容的理解和记忆。心理学研究结果表明,与抽象的语言相比,形象生动的信息更容易被人们接受和记忆。因此,适时运用手势(如比画、指点等),能够使枯燥的概念变得具体、直观,帮助听众快速理解演讲内容。另一方面,丰富的面部表情能够直接传递情感,引发听众的共鸣。面部表情作为人类情感表达的天然载体,能够超越语言的局限,准确地传递喜怒哀乐等复杂的情绪。在演讲过程中,运用恰当的面部表情(如微笑、惊讶、沉思等),能够感染听众,唤起情感共鸣,从而增强演讲的感染力。

在跨文化交流的语境中,手势和面部表情的作用更加凸显。不同文化背景下,语言表达方式存在差异,但人类基本的手势和面部表情却具有普遍性。当语言不通时,手势和面部表情就成为沟通的桥梁,帮助不同文化背景的人们实现有效交流。在用外语讲述中国故事时,往往面临着语言障碍,难以准确、流畅地表达思想。此时,运用得体的手势和丰富的面部表情,能够弥补语言表达的不足,传递中华文化的独特魅力。例如,在用外语介绍中国的茶文化时,大学生可以用优雅的手势模拟茶道步骤,用温和的微笑传递茶文化的内涵,即便语言表达欠缺,也能给外国听众留下深刻印象。

此外,手势与面部表情的运用还体现自信与风度。从心理学角度来看,自信的人往往动作自然、表情舒展,给人以亲和、从容的印象;相反,缺乏自信的人则容易表现出紧张、局促的肢体语言(如双手紧握、目光游移等),给听众留下不良印象。因此,大学生在用外语讲述中国故事时,要注重培养自信从容的心态,用自然得体的手势和真诚温暖的表情,展现当代中国青年的风采。只有做到内外兼修,才能以更加自信、更加生动的方式,向世界讲好中国故事,传播好中国声音。

(三)眼神交流与姿态

眼神交流和姿态是与听众建立联系、传递情感、增强说服力的重要手段。在演讲过程中,大学生应注意与听众保持适度的眼神交流,以表达诚意、建立信任。通过目光的交流,能够及时捕捉听众的反应,根据反馈调整自己的表达方式和节奏。同时,友善、自信的目光还能感染听众,使其更容易接纳大学生的观点。

除了眼神交流,姿态也能传递重要的非语言信息。良好的姿态能够展现自信和专业形象,增强演讲的感染力。大学生应保持挺拔的站姿,双脚与肩同宽,重心均匀分布。身体微微前倾,表达对听众的尊重和热情。同时,适度的手势能够辅助语言表达,使演讲更加生动形象。手势应自然、有节奏,与语言相得益彰。

需要注意的是,过度的眼神交流和手势反而会适得其反,分散听众的注意力。应根据演讲内容和场合,把握眼神交流和手势的频率和力度。在重要论点或情感表达时,可以加强眼神交流和手势,以强调内容、渲染氛围;而在叙述事实或过渡段落时,则应适当收敛,让听众将注意力集中在内容本身。

四、演讲的现场互动与反馈处理

(一)听众提问的应对

从态度来看,大学生应以平等、谦逊的姿态面对每一个提问。即使问题看似简单或者与主题无关,也要给予足够的重视。倾听要专注,回应要诚恳。这种尊重听众、尊重提问的态度,能够拉近与听众的距离,营造轻松愉悦的互动氛围。同时,还应保持风度,不卑不亢,即便面对刁钻甚至带有攻击性的问题,也要冷静、理性地给出回应,展现自己的涵养和修为。

从内容来看,大学生需要对听众的提问有准确、全面的理解。这就要求大学生在倾听的过程中,不仅要听清问题的字面表达,更要领会问题的深层意图。对于一些宽泛或者跑题的问题,可以适当引导,将问题聚焦到与演讲主题相关的具体方面。在回答问题时,需要做到言之有物、言之有理,根据自身的知识积累和演讲内容,给出有针对性、有说服力的回应。对于一些超出自身知识范围的问题,可以坦诚地说明,同时表达继续探讨、学习的意愿。如果遇到一些富有洞见或启发性的问题,还可以顺势展开,深化演讲主题,实现思想的升华。

从方式来看,大学生应该运用得体的语言表达和肢体语言,增强互动的亲和力和感染力。在语言表达上,要力求简洁、准确、通俗易懂,避免使用过于学术化或专业化的术语;在语速、音量、语调上做到平稳、适中,给听众充足的消化和思考时间。肢体语言方面,应注意与提问者保持目光接触,适当点头示意,表达认可和鼓励;面部表情要真诚、亲切,笑容可以适时展现,缓解紧张情绪,促进感情交流。

(二)即兴回应技巧

要做好现场提问的即兴回应,首先要保持镇定自若的心态。面对听众的刁钻问题,不要慌乱,要冷静分析,迅速捕捉问题的核心要点。如果问题涉及不甚了解的领域,可以坦诚地表达自己的不足,但同时要展现出积极探讨、虚心学习的态度。毕竟,没有人能够面面俱到,听众更欣赏诚实谦逊的大学生。

要学会灵活运用各种即兴回应的技巧。比如,可以适当重复问题中的关键词,为自己争取组织语言的时间;用一个简短的故事或笑话化解尴尬,缓和现场气氛;或者巧妙地将问题引向自己熟悉的领域,展现个人魅力和见解。这些技巧的运用需要大量的练习和积累,大学生平时要主动参与各种交流讨论,提升临场反应能力。

要善于利用肢体语言传递信息。眼神的交流、手势的运用、身体的移动都能增强大学生的说服力,拉近与听众的距离。当面对质疑和挑战时,要用肢体语言展现自信风采,消除听众的疑虑。当然,肢体语言要得体、自然,切忌刻意做作,适得其反。

(三)反馈的收集与分析

在演讲过程中,听众的反馈是检验演讲效果的重要依据,也是大学生不断完善和提升的动力源泉。一场成功的演讲绝非单向的信息传递,而是大学生与听众之间积极互动、彼此影响的动态过程。只有通过反馈的收集与分析,才能真正洞察听众的需求,找准演讲的着力点,不断优化演讲内容和方式,最终实现与听众的心灵沟通和情感共鸣。

反馈的收集需要贯穿演讲的全过程。在演讲准备阶段,就应该深入了解听众的背景、需求和期望,有针对性地设计演讲内容。这种事先的"反馈"收集,有助于把握演讲的基调和重点。在演讲过程中,更要通过观察听众的表情、肢体语言等非言语反馈,实时调整演讲节奏和方式。听众专注、赞许的神情,往往意味着演讲内容切中要害、引起共鸣;而倦怠、走神的表现,则警示大学生需要改变策略,重新吸引听众注意力。此外,鼓励听众提问、互动,开展现场小测试等,也是收集反馈的有效途径。这些即时反馈能够帮助大学生及时修正偏差,增强演讲的针对性和感染力。演讲结束后的反馈收集同样不可或缺。通过问卷调查、访谈座谈等方式,能够系统了解听众对演讲内容、形式的评价和建议,为后续类似演讲积累经验、奠定基础。

反馈的分析需要科学、审慎、辩证地看待。对听众反馈的解读,既要重视共性,也要关注个性;既要看到成绩,也要直面不足。一方面,若多数听众对某一内容或环节反响积极,这往往标志着演讲中有可资借鉴、值得发扬的成功经验。对此,应该认真总结,在后续实践中继续坚持、不断深化。另一方面,即便只有少数听众提出疑虑或建议,也可能反映出值得重视、亟待改进的问题。对此,切忌轻视、回避,而应虚心接纳、认真对待。只有以开放、审慎的态度分析反馈,才能在肯定成绩的同时,充分认识自身局限,不断探索提升的空间和路径。此外,对反馈的分析还要注重系统性、发展性的视角。孤立、静态地看待某一反馈,往往难以把握问题的全貌和本质。只有将一次次反馈串联起来,纳入演讲实践的大背景下审视,才能探查反馈背后的深层次原因,发现自身演讲的突出特点和需要改进的重点领域。

第二节　书面表达与文学创作实践

一、书面表达的基本技巧与规范

(一)语法与句式

语法和句式是语言表达的基石,对于外语学习者而言更是如此。在用外语讲好中国故事的过程中,语法和句式的准确运用不仅能够确保表达清晰、规范,更能够彰显讲述者的语言修养和文化素养。因此,在书面表达实践中,大学生应高度重视语法和句式的学习,不断提升语言运用能力,为讲好中国故事奠定坚实基础。

具体而言,首先要全面掌握目标语言的语法规则。语法是语言的骨架,它规定了词语的搭配、句子的构成等基本法则。只有在熟练掌握语法规则的基础上,才能正确使用词汇,组织语句,表达思想。因此,在学习过程中,要系统地学习语法知识,理解各种词类的特点和用法,掌握词序、时态、语态等句法结构,运用从句、并列句等复合句式。通过大量的练习和应用,不断巩固语法知识,提高语法运用的准确性和熟练度。

要注重语法和词汇的综合运用。语法规则固然重要,但死板地套用语法只会使表达显得生涩、呆板。优秀的语言表达需要在遵循语法规则的基础上,灵活运用词汇,形成富有表现力的句式。应该广泛阅读优秀文章,揣摩作者的语言风格,学习其词汇搭配、句式结构的特点。同时,要多模仿、多练习,在写作中尝试使用不同的句式(如简单句、并列句、复合句等),以增强语言的多样性和表现力。

要关注语言的逻辑性和连贯性。语法和句式的运用不能只局限于单个句子层面,更要体现在语篇的组织和衔接上。一篇优秀的文章往往结构严谨、脉络清晰,各部分之间紧密联系、相互呼应。因此,在书面表达中,要注意使用恰当的衔接手段(如连接词、指示代词、替代等),增强语句间的逻辑关联。同时,要合理安排段落,使文章层次分明、过渡自然。这就需要大学生在写作实践中不断锻炼,提高语言组织和表达的能力。

(二)逻辑与结构

严谨的逻辑和清晰的结构是书面表达中至关重要的要素。文章要做到中心明确、层次分明、脉络清晰,才能让读者轻松把握核心要义,深入理解作者的思想观点。因此,无论是故事讲稿、演讲报告,还是文学创作,逻辑和结构的重要性都不容忽视。

一篇逻辑严密、结构完整的文章,首先要有一个鲜明的中心论点。这个论点应当贯穿全文,成为文章的主线。在此基础上,大学生需要围绕中心论点,提出若干个分论点。这些分论点既要支撑主题,又要各有侧重,形成有机统一的整体。在行文中,应当运用恰当的论证方法(如举例论证、对比论证、因果论证等),使论证过程具有说服力。同时,要注意论证过程的完整性和系统性,避免出现论证不足或论证失当的问题。

在结构安排上,应根据文章的性质和目的,选择合适的结构模式。常见的结构模式有总分总式、并列式、递进式、对比式等。无论采用哪种结构模式,都要做到层次分明,环环相扣。在段落组织上,要特别注意段落之间的衔接和过渡。每一个段落既要紧扣主题,又要与上下文形成连贯的逻辑关系。段落内部则要做到中心句突出,其他句子紧紧围绕中心句展开,形成一个有机的语义单元。

(三)风格与语气

语气和风格是书面表达中不可或缺的元素,它们共同塑造了作品的整体基调和情感色彩。语气(如严肃、幽默、激昂、平和等)可以理解为作者对所写内容持有的态度。恰当的语气有助于准确传达思想感情,引发读者的共鸣。例如,在议论文中,常常运用严谨、客观的语气,以理服人;而在抒情散文里,委婉、柔美的语气更能打动读者的心灵。同时,语气的把控也体现了大学生的写作功底和文学修养。

与语气相比,风格则是更加宏观和综合的概念。它涵盖遣词造句、结构布局、修辞手法等多个层面,代表大学生独特的艺术个性和语言风貌。唐代诗人杜甫曾说"文章千古事,得失寸心知"。优秀的作品往往拥有鲜明的风格特色,能给人以强烈的美感体验。比如鲁迅笔下的辛辣讽刺,激荡了无数青年的内心;而冰心温润恬淡的笔触,则抚慰了一代人的精神创伤。可以说,风格是一名大学生最宝贵的"名片"。

语气和风格的形成需要长期的积累和锤炼。对于写作新手而言,模仿名家是一条行之有效的捷径。通过研读大师的经典之作,学习他们的语言技巧和艺术手法,久而久之,就能逐步找到适合自己的表达方式。当然,切忌生搬硬套,盲目追求华丽辞藻,导致文风格格不入、晦涩难懂。语气风格贵在自然、贵在得体,要根据文章的主题、目的、对象等因素,灵活调整、恰如其分。

此外,书面表达的语气和风格还应体现时代精神和价值取向。新时代的大学生应该在传承中华优秀传统文化的同时,积极吸收借鉴人类文明的优秀成果,塑造既有民族特色又与世界接轨的时代风范。通过不断地学习和实践,大学生一定能够用手中的笔,书写出气势恢宏的中国梦,抒发出青春昂扬的奋斗激情。

当然,语气风格的形成绝非一蹴而就,需要在写作道路上持之以恒地探索和打磨。只有不断提高自身的文化素养和审美情趣,博览群书、体味人生,才能真正练就语言技艺,自如地表达思想、抒发情感,在浩瀚的文字海洋中劈波斩浪,以饱满的热情和昂扬的斗志,书写时代华章!

二、文学创作中的故事构思与情节设计

(一)主题与主题深化

在文学创作中,确立主题并对其进行深入探讨和发掘是一个至关重要的环节。主题是作品的灵魂,它贯穿于整部作品之中,体现了大学生的思想感情和价值取向。一部优秀的文学作品必须具有明确、深刻、富有感染力的主题,才能在读者心中留下难以磨灭的印象。

主题的确立需要具备敏锐的洞察力和深厚的生活积淀。大学生要善于从纷繁复杂的现实生活中捕捉有价值的素材,提炼出具有普遍意义的主题。这个过程需要深入生活、体验生活、思考生活,在与生活的交互中不断积累素材,培养主题意识。同时,还要具备广博的知识、丰富的阅历和深邃的思想,才能透过现象看本质,在表象之下发现深层次的问题。

(二)人物塑造

在文学创作中,人物塑造是一项极具挑战性又不可或缺的艺术。它要求大学生以敏锐的洞察力、丰富的想象力和高超的语言技巧,为读者呈现出栩栩如生、个性鲜明的人物形象。优秀的人物塑造能够使作品更加真实可信,引发读者的情感共鸣,加深对作品主题的理解和思考。

人物塑造的首要任务是刻画人物的性格特征。每个鲜活的文学形象都应有其独特的个性,具体表现在思想观念、价值取向、行为方式等方面。大学生需要通过人物的语言、行动、心理活动等多个维度,展现其性格的多面性和复杂性。同时,人物性格还应符合其身份背景、成长经历等因素,做到内外一致、合情合理。

除了塑造个性化的人物形象外,还要注重人物之间关系的把握。在现实生活中,个体总是处于复杂的社会关系网络之中,人物形象也应在与他人的互动中得到丰富和发展。通过刻画人物之间的冲突与和谐、对比与映衬,能够深化对人物内心世界的挖掘,也能体现不同人物性格的异同。司汤达在《红与黑》中塑造的于连和德·雷纳夫人,一个是野心勃勃的平民子弟,一个是心灵孤傲的贵族小姐,两人的爱情悲剧正源于其阶级地位和价值观念的巨大差异。

人物的外貌描写也是塑造形象的重要手段。外表特征往往能生动体现人物

的个性、心理和命运。但在描写中要避免堆砌细节,而应选择最具特色和暗示意义的部分着墨。莫泊桑在短篇小说《项链》中对玛蒂尔德的仪表仅用寥寥数语,却勾勒出一个爱慕虚荣的小资产阶级女性形象。同时,外貌描写还需要与人物的言行举止相协调,共同构成一个有机的整体。

在叙事作品中,情节的设置与发展也是塑造人物不可忽视的方面。大学生应精心设计人物所经历的事件,表现人物在困境中的抉择、在冲突中的成长,从而实现对人物的深度刻画。而在不同情节中,还应把握人物性格呈现的侧重点和密度,既要前后一致,又要避免单调重复,做到因情节需要而有所侧重,表现出人物性格发展的连续性和阶段性。

值得一提的是,人物的心理刻画在现代文学创作中愈发受到重视。通过对人物内心独白、思想矛盾、情感波动等的细致描摹,大学生能够展现人物丰富的精神世界,揭示其行为背后的深层动因。同时,这种刻画还能拉近读者与人物的距离,引发其情感的代入和共鸣。王蒙在《青春万岁》中借助复杂的意识流手法,生动再现了特殊历史时期青年知识分子的迷惘、苦闷、挣扎与觉醒,感人至深。

(三)情节发展

在构建情节时,大学生需要根据故事主题和人物性格来设计事件序列,做到环环相扣、前后呼应。每一个情节点都应该服务于整体故事,推动情节向前发展。同时,优秀的情节还应包含一定的矛盾冲突,体现人物性格的多面性和复杂性。通过人物之间的对峙与碰撞,矛盾不断升级,最终达到高潮,引发读者的强烈情感共鸣。

此外,在情节设计中适当地运用悬念也是提升故事吸引力的有效手段。故事发展到某一关键点时,通过制造悬念,能够激发读者的好奇心和探究欲。这种悬而未决的状态能够牢牢地抓住读者的注意力,促使其继续阅读下去。当然,在运用悬念时,也要把握分寸,避免过于生硬或牵强,破坏故事的真实感。

除了主线情节外,在故事中适当穿插一些支线情节或伏笔也是丰富故事内容的重要手法。支线情节可以丰富人物形象,展现故事背景,增加故事的厚重感。伏笔则是为后续情节发展埋下伏笔,一旦伏笔揭晓,往往能给读者带来意外的惊喜,增强故事的趣味性。但在设置支线情节和伏笔时,也要注意不能喧宾夺主,影响主线情节的发展。

三、文学语言的运用与表达

(一)修辞手法

修辞手法是文学语言运用的重要手段,它能够增强语言的表现力和感染力,使文学作品更加生动形象,引人入胜。在大学生用外语讲好中国故事的实践中,恰当运用修辞手法不仅能够提升作品的艺术性和美感,更能增强中国故事的传播力和影响力,让世界更好地了解中国文化的独特魅力。

比喻是最常见也是最有效的修辞手法之一。通过将抽象的事物比作具体的事物,比喻能够帮助读者更直观、更生动地理解作品所要表达的内容。在讲述中国故事时,可以巧妙地运用比喻,将中国文化中的哲学理念、价值观念比作自然界中的事物,使之更加通俗易懂。例如,可以将中国传统文化中的"天人合一"思想比作人与自然的和谐共生,将"以和为贵"的处世哲学比作水的柔韧与包容。这些生动的比喻不仅能够拉近中外读者的距离,而且能引发读者对中国文化的兴趣和思考。

拟人是赋予非生命事物以人的情感、动作或特征的修辞手法。在文学创作中,拟人能够激发读者的想象力,营造出独特的意境和氛围。大学生在用外语讲述中国故事时,可以适当运用拟人的手法,将中国历史上的名胜古迹、风土人情拟人化,赋予其鲜活的生命力。例如,可以将万里长城拟人化为一位历经沧桑却依然坚韧不拔的老者,将黄河拟人化为一位哺育中华儿女的慈母。这些拟人化的描写不仅能够增强故事的文学性和艺术性,而且能唤起读者对中华民族悠久历史的敬意和感怀。

对比是通过并列不同事物的异同,突出事物特征的修辞手法。在跨文化交流中,对比能够帮助外国读者更清晰地认识中外文化的差异,加深对中国文化的理解。大学生在创作中国故事时,可以采用对比的手法,将中国传统文化与西方现代文明进行对比,突出中国文化的独特内涵。例如,可以将中国的"集体主义"价值观与西方的"个人主义"价值观进行对比,将中国的"天下为公"理念与西方的"自由民主"理念进行对比。这些鲜明的对比不仅能够凸显中国文化的优秀品质,而且能促进中外文化的交流互鉴。

夸张是对人或事物的数量、程度、性质等故意进行的言过其实的描述,目的是突出强调、引人注目,以达到增强语言表达效果的修辞手法。在讲述中国故事时,大学生可以适度运用夸张的手法,渲染氛围,烘托情感。例如,在描绘中国传统节日的热闹欢腾时,可以用"鞭炮声响彻云霄,人们的欢笑声传遍街巷"来表达。这种夸张化的表达能够渲染节日的喜庆气氛,带给读者身临其境之感。

反复是为了强调或突出某一内容,在修辞上采用重复词语、句式的方法。在文学创作中,反复能够加深读者印象,引发情感共鸣。大学生在用外语讲述中国故事时,可以在关键词语或句子上运用反复,增强故事的感染力。例如,在表达对故乡的思念之情时,可以用"无论走到哪里,无论漂泊多久,故乡永远是我心中最温暖的港湾"来表达。这些反复的词句能够准确传达留学生内心的真情实感,引发读者的情感共鸣。

(二)语言风格

语言风格是文学创作中一个极为重要的元素,它不仅反映作者的个性特征和审美情趣,而且体现一个时代的文化精神和价值取向。语言风格的形成受到多方面因素(如作者的生活经历、知识结构、性格气质等)的影响,同时也与特定的历史文化语境密切相关。一部优秀的文学作品,其语言风格必然与作品的主题内容相协调,与作者的情感态度相一致,从而形成独特的艺术魅力,给读者以深刻的审美体验。

古往今来,不同时期、不同流派的作家都形成了自己鲜明的语言风格。如唐代诗人李白,其诗歌语言豪放奔放、想象瑰丽,充分表现了盛唐时期积极向上的时代精神和浪漫主义的审美情趣。宋代诗人苏轼则以飘逸洒脱、清新自然的语言风格著称,他的作品常常借物寄情,将个人的情志巧妙地融入景物描写之中,给人以美的感染和启迪。到了现当代,鲁迅、郭沫若、巴金、老舍等作家也都以独特的语言风格闻名于世。鲁迅的语言犀利辛辣,寓讽刺与幽默于一体,营造出强烈的批判意识和鲜明的个性特征;郭沫若的诗歌语言雄浑豪放、气势恢宏,充分表现了他革命浪漫主义的创作风格;巴金的小说语言朴实无华、真挚动人,彰显出作者强烈的人道主义关怀;老舍的语言幽默风趣、诙谐生动,塑造了一系列鲜活生动的北京市民形象。

(三)文化背景

文学语言是作家用以表达情感、塑造形象、渲染氛围的重要工具。在文学创作中,语言不仅承载着作品的内容,而且蕴含着作者独特的艺术个性和审美追求。

深入挖掘文学语言的表现力,创造性地运用多种语言手段,是提升文学作品艺术价值的关键。

文学语言的魅力首先体现在其丰富的修辞手法上。比喻、拟人、夸张、对偶、排比等修辞手法在文学作品中广泛运用,使语言更加生动形象、富于表现力。诗人善于捕捉事物之间的相似性,用别具匠心的比喻营造诗意盎然的意境;小说家则通过细腻传神的拟人手法赋予景物以鲜活的生命力,渲染出动人心弦的情感。修辞手法的巧妙运用,能够激发读者的想象力,引发情感共鸣,使作品更具感染力。

文学语言的独特之处还在于其鲜明的风格特色。不同流派、不同时期的作家,往往形成了自己独特的语言风格。鲁迅笔下犀利辛辣的讽刺,郁达夫笔下充满颓废忧伤的抒情,沈从文笔下质朴清新的叙述,无不彰显出语言风格与作家个性的完美契合。语言风格的差异化,既是作家们艺术个性的体现,也是文学作品独特魅力的来源。读者往往能够从语言风格中感受到大学生的情感态度和价值追求,从而获得更为丰富的阅读体验。

文学语言的精髓还体现在对文化背景的巧妙融合上。优秀的文学作品往往能够将特定时代的文化精华、民族的审美情趣熔铸于语言之中。诗词创作中广泛吸收民间歌谣、神话传说等文化元素,散文写作中融入对山水风物的细致描摹,小说创作中融入历史掌故、民俗风情,无不体现出文学语言对文化背景的继承与创新。将丰富的文化底蕴融入语言表达之中,能够极大地提升作品的内涵,引发读者更为深入的文化思考。

四、文学作品的修改与润色

(一)精炼语言

从微观层面来看,精炼语言的过程就是一个反复选词的过程。大学生要仔细揣摩每一个词语的意思,权衡其与上下文的契合度,判断其能否准确表达自己的思想。对于语义相近的词语,要进行细致比较,选择最精当、最地道的表达。通过这种精雕细琢,可以避免词不达意、语义模糊等问题,使文章表达更加准确、生动。同时,在修辞方面要力求精简,少用或不用华丽辞藻,以免喧宾夺主,稀释主题。唯有语言精练,方能凸显内容的价值和魅力。

从宏观层面来看,精炼语言还要求在把握全文的基础上,合理安排详略。对于情节发展或论证论点至关重要的内容,可以适当详述,通过具体、生动的语言渲染来突出其重要性;而对于次要内容或已有交代的背景信息,则可以简略带过,避免重复累赘。这就要求大学生在创作时对作品的布局结构有通盘考虑,根据内容的重要程度和先后逻辑来调配语言资源。只有做到详略得当、主次分明,才能保证文章结构的紧凑和内容的连贯。

(二)调整结构

文学作品的结构调整是一项复杂而精细的工作,需要具备敏锐的洞察力和娴熟的写作技巧。在修改过程中,大学生首先要对作品的整体结构进行审视,判断现有结构是否合理、完整,能否有效地表达主题思想,展现人物形象。如果发现结构上存在问题(如情节发展不连贯、过于平铺直叙),或者某些情节对主题表达无关紧要,就需要果断地对结构进行调整。

结构调整的一个重要方面是对情节的取舍。优秀的文学作品往往以精练、含蓄见长,能用简洁的笔触勾勒出丰富的内涵。因此,作者在修改时要学会"减法",去除那些对情节发展无甚裨益的琐碎细节,突出最能体现主题、最能打动读者的情节片段。同时,对于确有必要保留的情节,要考虑其在整体布局中的位置安排,是否需要调换前后顺序,以使情节衔接更加自然流畅。

在对情节进行删减、重组的同时,作者需要对人物塑造予以关注。文学作品的生命力在很大程度上源自鲜活、立体的人物形象。因此,作者要审视人物在情节中的作用,思考如何通过对场景、细节的刻画来凸显人物性格特点,加深读者对人物的理解和认同。如果发现某些人物缺乏存在感,或者个性描写过于单薄,就需要适当补充一些能表现其内心世界的情节,使其形象更加丰满、真实。

(三)完善细节

具体而言,完善细节需要作者在以下几个方面努力钻研。

细节应当服务于主题,彰显作品的中心思想。每一个细节的设置都应当经过作者精心的斟酌,使其与作品的主题形成呼应,起到烘托、强化主题的作用。无关主题的细节,即使写得再精彩,也会成为作品的累赘,分散读者的注意力。因此,在完善细节的过程中,作者需要时刻以主题为依归,剔除与主题无关的细枝末节,突出最能体现主题的关键细节。

细节应当与情节紧密结合,推动故事的发展。生动形象的细节描写能够为故事情节的展开提供助力,使情节更加曲折离奇、引人入胜。反之,脱离情节的细节则会成为故事的绊脚石,令读者感到突兀和不适。因此,作者需要根据情节发展的需要,适时穿插细节描写,使故事情节更加丰满、生动。同时,细节可以成为故事的伏笔,为后续情节的展开埋下线索,激发读者的阅读兴趣。

细节应当与人物性格相契合,丰满人物形象。每个人物都有其独特的性格特征,细节描写应当成为塑造人物性格的有力工具。通过细节刻画,作者可以将人物的语言、行为、心理活动等展现得淋漓尽致,使人物形象更加丰满、立体。同时,不同人物的细节描写应当体现出差异性,避免千篇一律,使每个人物都成为鲜活的个体。

五、书面表达与文学创作的成果展示

(一)作品集编排

作品集编排不仅涉及作品的选择和组织,而且体现了编者的文学素养和艺术修养。一本精心编排的作品集,能够系统展示大学生的外语水平和文学创作能力,彰显其家国情怀和文化自信,为讲好中国故事奠定坚实的基础。

作品集编排首先要把握选材的标准和原则。选材应以能够彰显中华文化精髓、展现中国发展成就为导向,兼顾作品的思想性、艺术性和可读性。编者要对创作成果进行认真筛选,选取立意高远、内容充实、语言生动的优秀作品。同时,选材要体现一定的多样性和广泛性,涵盖诗歌、散文、小说等不同文体,反映不同主题和风格,以全面展示大学生的创作实力和文学视野。

编者在具体编排时,要对作品进行合理分类,并在每一类作品中遵循一定的逻辑顺序。比如,可以按照体裁分类,依次呈现诗歌、散文、小说等;也可以按照主题分类,分别展现家国情怀、人文精神、自然风光等不同主题的作品。在每一类作品中,编者还要考虑作品之间的联系和递进,做到层次分明、环环相扣,给读者以整体美的感受。

编者在编排过程中,还要注重版式设计和细节处理。要合理运用字体、字号、版面布局等设计要素,提升作品集的艺术品位和审美价值。编排重点作品时,可以配以插图、书法等艺术元素,增强作品的视觉冲击力和感染力。同时,细节处理(如标点符号、拼写、数字等)也不容忽视,务必做到规范、准确,体现对读者负责的态度。

作品集的封面设计和序言也是编排工作的重要内容。封面设计要紧扣主题，选取具有艺术感染力的图片或书法作品，并配以简洁大方的书名和装帧，给人以美的感受。序言则要概括作品集的主旨，说明编选的标准和过程，并表达编者对大学生外语创作的肯定和期许，引导读者进入浏览和欣赏的最佳状态。

编排优秀的外语作品集不仅有利于展现外语水平和文学才华，而且能够弘扬中华优秀传统文化，提升国家文化软实力。通过精心编排，可以将大学生自己的外语创作推向更广阔的平台，让世界听到更多的中国声音，为构建人类命运共同体贡献青春力量。总之，作品集编排是一项需要投入大量心血和智慧的工作，编者要以高度的文化自觉和使命担当，潜心打磨每一个细节，力求呈现最精美、最优质的作品集，在世界舞台上讲好中国故事，传播好中国声音。

（二）读者反馈

从反馈内容来看，读者往往会从主题立意、情节架构、人物塑造、语言风格等多个维度对作品进行评价。其中，主题是否鲜明、积极向上，是读者关注的重点。一部优秀的作品应该具有明确的主题，能够引发读者的情感共鸣和价值认同。同时，作品的情节是否曲折动人、环环相扣，人物形象是否丰满立体、个性鲜明，也是读者评判作品的重要标准。此外，作品的语言是否优美、流畅，风格是否独特、鲜明，也会影响读者的阅读体验和评价。

作者应该虚心接纳读者的意见和建议，对作品进行反复打磨。通过梳理读者反馈，作者可以发现自己在选题、立意、结构、细节等方面存在的问题，并有针对性地加以改进。例如，多名读者反映情节发展平淡、缺乏吸引力，作者就需要重新考虑情节设置，适当增加戏剧冲突和悬念，以提升作品的可读性。再如，读者普遍认为某个人物塑造得薄弱、缺乏个性，作者就应该通过丰富细节描写、增加心理刻画等方式，使人物形象更加丰满、立体。

（三）作品发布渠道

作品发布渠道的多样化和便捷性对于大学生用外语讲好中国故事具有重要意义。在互联网时代，数字平台和新媒体为作品的传播提供了前所未有的机遇。大学生可以充分利用博客、微信公众号、视频网站等渠道，将自己的优秀作品呈现给更广泛的受众。这些平台不仅能够突破地域和时间的限制，实现作品的跨文化传播，还能够通过互动和反馈机制，增强作者与读者之间的交流和共鸣。

与传统的纸质出版相比,数字平台的门槛更低、成本更低、效率更高。无需等待漫长的审稿和出版流程,就能够将作品快速地呈现在读者面前。同时,数字平台提供了多样化的呈现方式(如图文、音频、视频等),能够满足不同读者的阅读习惯和需求。可以根据作品的特点和受众的特征,灵活选择最适合的发布渠道和呈现方式,从而最大限度地提升作品的传播效果和影响力。

当然,作品发布渠道的选择也需要考虑平台的权威性和公信力。一些知名的文学网站、外语学习平台、国际交流平台等,往往拥有较高的用户基础和社会认可度。可以优先考虑在这些平台上发布作品,借助平台的品牌效应和推广资源,提升作品的知名度和美誉度。同时,要注重作品的原创性和版权保护,避免盗版、侵权等问题的发生。

第三节　多媒体与数字故事讲述实践

一、多媒体故事讲述的基本概念与特点

(一)多媒体故事的定义

多媒体故事是一种利用多种媒体元素(如文本、图像、音频、视频、动画等),综合表现某一特定主题或传递特定信息的叙事方式。它打破了传统单一媒介讲故事的局限,通过不同媒体形式的有机结合,全方位、立体化地呈现内容,带给受众身临其境的感官体验。多媒体故事以其丰富的表现力、强烈的感染力和独特的交互性,成为数字时代讲述故事的重要方式之一。

从媒介融合的角度看,多媒体故事实现了不同符号系统的交叉渗透和相互作用。文字、图像、声音等各种媒介都有其独特的表现优势和局限性。例如,文字善于抽象概括、逻辑论证,但在描绘具体形象、表达情感氛围方面则显得苍白无力;图像擅长呈现直观形象、烘托情境氛围,但在阐释抽象概念、逻辑推理方面则捉襟见肘;声音具有情感丰富、易于引起共鸣等优势,但在展示具体的视觉细节、空间布局、复杂场景或动态过程方面则显得单调乏味。多媒体故事恰恰利用不同媒介的互补性,扬长避短,取长补短,将它们有机整合,形成"1＋1＞2"的叠加效应。通过媒介融合,多媒体故事既继承了各种媒介的表现优势,又突破了单一媒介的局限,极大地拓展了叙事的表现力和张力。

从信息传播的角度看,多媒体故事能够充分调动受众多种感官,实现信息的高效传递和深度交互。传统的单一媒介叙事主要依靠单一感官通道(如视觉或听觉),传递信息的维度和容量都较为有限。而多媒体故事则可以同时调动受众的视觉、听觉、触觉等多种感官,以此加强对受众的吸引和冲击,提高信息传播的效率和效果。此外,数字化的多媒体故事还具有很强的交互性,受众不再是被动的信息接收者,而能够通过点击、滑动、录入等方式与故事内容进行实时互动,参与到叙事过程中来。这种沉浸式、参与式的体验,让受众从"旁观者"变成了"参与者",大大增强了信息传播的针对性和有效性。

(二)多媒体故事的特点

从媒介形式来看,多媒体故事打破了单一媒介的局限,综合运用文字、图像、音频、视频等多种表现手段,全方位、立体化地呈现故事内容。丰富的媒介形式不仅能够吸引受众的注意力,激发其探索兴趣,而且能够充分调动视觉、听觉等多种感官,给受众带来身临其境的体验。受众在多媒体故事的欣赏过程中,不再是被动的信息接收者,而能够主动参与到故事情境中,与故事内容产生情感共鸣和价值认同。这种沉浸式的体验方式,有助于加深受众对故事内涵的理解和记忆,提升故事的传播效果。

从叙事结构来看,多媒体故事突破了传统线性叙事的限制,呈现出非线性、交互式的特点。在多媒体故事中,叙事线索错综交织,情节发展多元开放。受众可以根据自己的兴趣选择和主动探索,参与到故事情节的构建中来。这种交互式的叙事结构,赋予了受众更大的自主权和参与感,调动了他们的积极性和创造力。同时,多媒体故事的非线性叙事也拓展了故事的深度和广度,能够多角度、多层次地展现故事内容,为受众呈现更为丰富、立体的中国形象。

二、数字故事的制作工具与技术

(一)常用制作软件

高质量的数字故事制作离不开专业、易用的软件工具的支持。目前,市场上已经涌现出众多优秀的多媒体故事制作软件,为广大数字故事创作者提供了强大的技术保障。其中,Adobe Premiere Pro、Final Cut Pro 和 Wondershare Filmora 等都是备受推崇的视频编辑软件,它们功能强大,操作简单,能够满足不同层次创作者的需求。

以 Adobe Premiere Pro 为例,它拥有丰富的音频视频剪辑、特效合成、字幕添加等功能。用户可以通过 Adobe Premiere Pro 的时间轴界面,直观地管理和编排各种多媒体素材(如视频片段、音频、图像、文字等)。同时,Adobe Premiere Pro 提供了大量预设的转场效果、滤镜样式,用户可以轻松为视频增添艺术感和动感。对于有一定编辑基础的创作者而言,Adobe Premiere Pro 无疑是制作高品质数字故事的利器。

相比之下,Wondershare Filmora 则更加侧重于易用性和便捷性。它采用简洁直观的界面设计,将复杂的编辑功能化繁为简,即便是初学者也能够快速上手。Wondershare Filmora 内置大量的视频模板和素材库,用户可以直接套用这些素材,快速完成视频创作。同时,Wondershare Filmora 支持一键分享功能,用户可以方便地将制作完成的视频上传到 YouTube,Vimeo 等视频平台,或导出为各种常见格式。对于希望快速入门数字故事制作的初学者而言,Wondershare Filmora 无疑是一个理想的选择。

除了视频编辑软件,一些常用的办公软件(如 Microsoft PowerPoint,Keynote 等)也可以用于数字故事的制作。虽然这些软件的视频编辑功能相对有限,但它们在文字、图像、动画等方面有着独特的优势。例如,Microsoft PowerPoint 拥有丰富的母版、版式、动画效果,用户可以轻松创建出美观、专业的多媒体幻灯片。再如,Keynote 有着简洁优雅的设计和流畅的交互,用户可以利用 Keynote 制作出富有艺术感染力的故事型演示文稿。对于注重视觉冲击和情感表达的数字故事创作者而言,Microsoft PowerPoint,Keynote 等演示文稿软件不失为一种选择。

(二)技术应用要点

在多媒体元素的选择与处理方面,大学生需要根据故事主题和表达需求,精心挑选恰当的图像、视频、音频等素材。这些素材不仅要生动形象地呈现故事内容,还要在视觉和听觉上给受众留下深刻印象。同时,大学生要对选定的多媒体素材进行必要的编辑加工(如图像的裁剪、色彩调整,视频的剪辑、特效处理,音频的降噪、混音等),以确保各元素在数字故事中和谐统一,并具有良好的艺术感染力。

在故事情节的设计与编排方面,大学生要善于运用数字技术手段,合理安排各多媒体元素在故事线索中的位置和先后次序。一个优秀的数字故事应该具有引人入胜的开头、曲折跌宕的发展过程,以及令人难忘的结尾。为达到效果,可以利用数字非线性编辑技术,灵活地组织和调整故事片段,并辅之以巧妙的场景转换和节奏控制,使整个故事情节环环相扣、高潮迭起,牢牢抓住受众的注意力。

三、多媒体元素的整合与运用

(一)图像与视频的整合

图像作为视觉信息的载体,具有强大的感染力和表现力。恰当选用图像能够将抽象的概念具象化,将复杂的情节简单化,使受众更容易理解和接受故事内容。同时,图像能够烘托故事氛围,渲染情感基调,使受众产生共鸣和代入感。例如,在讲述一个关于环保的故事时,插入一些反映自然之美的风景照,能够唤起人们对生态环境的向往和珍惜之情;而呈现一些因污染而荒芜的画面,则能引发人们对环境问题的反思和警醒。

与静态的图像相比,视频融合了影像、声音、动作等多种表现元素,信息容量更大,表达更加立体丰富。在多媒体故事中,精心制作的视频片段能够营造身临其境之感,将抽象的故事内容形象化、动态化,使受众全方位感受故事的魅力。譬如,在一个关于中华文化的故事中,穿插一些展现传统技艺、民俗活动的视频画面,能够生动再现中华民族灿烂、悠久的文明风貌,引领受众沉浸式地领略中华民族博大精深的文化内涵。

图像与视频的有机整合,能够实现多维度、多层次的故事呈现,产生"1+1>2"的效果。静态的图像为故事搭建起基本框架,动态的视频则赋予故事以生命力,二者交相辉映、相得益彰。譬如,在讲述一位科学家的成长历程时,以图片的形式呈现其成长的重要节点,再辅以生动的纪录片视频,展现其科研过程的艰辛和不易,由此深化对科学家执着探索精神的理解和敬意。

(二)音频与文本的结合

在音频的运用上,要注重与故事主题和情感基调的契合。恰当的配乐能够烘托氛围,引导情绪,使受众更加投入地感受故事。同时,音效的巧妙运用也不可或缺。恰到好处的音效能够增强故事的真实感,让场景更加丰满、栩栩如生。例如,在讲述一个雨天的故事时,适时加入雨声、雷鸣等音效,能够使受众身临其境,感同身受。

此外,旁白和对白的处理也是音频制作的关键。好的旁白应该语言生动、节奏明快,与画面、音乐相得益彰,推动情节发展。而对白则要尽量还原人物性格,体现人物情感。大学生要学会通过声音的变化、停顿的把握,塑造鲜活、立体的人物形象。

在文本的创作上,要注重故事的完整性和逻辑性。一个好的故事应该有清晰的线索,环环相扣。同时,文本要注重细节的刻画,通过细节体现人物性格,推动情节发展。例如,一个人物的一个小动作、一句话,都能够成为塑造其形象的生动细节。

四、数字故事的发布与传播策略

(一)发布平台选择

发布平台的选择应充分考虑目标受众的特点。不同平台聚集的用户群体存在显著差异,他们的年龄结构、教育背景、地域分布等都有明显区别。大学生需要根据数字故事的主题内容,精准定位目标受众,选择与之相匹配的发布平台。例如,如果数字故事面向青少年群体,就应优先考虑抖音、bilibili等深受年轻人欢迎的视频平台;如果目标受众是专业人士,则可选择领英、知乎等知识型社区。只有实现受众与平台的精准匹配,才能最大限度地发挥数字故事的传播效力。

发布平台的选择应立足国际视野。在全球化的今天,讲好中国故事不能仅局限于国内平台,更要主动走向世界舞台。优秀的国际主流社交媒体拥有海量的全球用户,是讲述中国故事、传播中华文化的重要渠道。大学生应积极利用这些平台,以通俗易懂的方式、生动活泼的形式,向世界展现真实立体的中国形象。同时,还要关注国外知名高校、智库的官方网站,通过与其合作发布数字故事,搭建中外文化交流的桥梁。唯有放眼全球,才能让中国声音传得更远、传得更广。

发布平台的选择应兼顾多元互补。任何单一平台都存在局限性,难以全面覆盖不同类型的受众。因此,大学生在发布数字故事时,要综合运用多种平台,发挥它们各自的优势。可在微信、微博等主流社交平台上进行首发,借助平台的强大流量快速触达国内受众。除社交平台外,还可尝试与主流媒体、知名网站开展合作,在其平台上推介数字故事。多平台联动发布,能够最大程度地提升数字故事的曝光率和传播力。

(二)传播效果优化

要优化数字故事的传播效果,首先需要明确目标受众群体的特征和需求。只有深入了解受众的兴趣爱好、认知水平、欣赏习惯等,才能有针对性地设计故事内容和表现形式,增强故事的吸引力和感染力。例如,面向青少年群体,故事内容可以更加趣味化、互动性更强;而面向专业人士,则需要提供更加深入、系统的知识内容。同时,要考虑不同受众群体的媒介使用习惯,选择恰当的传播渠道。对于活跃于社交媒体的年轻群体,可以利用短视频等新媒体形式;对于习惯传统媒介的中老年群体,则可以通过广播电视等渠道进行推广。只有精准定位受众,才能事半功倍地提升传播效果。

优化传播效果还需要注重故事内容的质量和创新性。好的数字故事应该具有鲜明的主题、曲折动人的情节、丰满立体的人物形象,能够引发受众的情感共鸣和思考。同时,故事应紧跟时代脉搏,融入新的表现元素和互动形式,不断提升内容的新鲜感和吸引力。例如,可以利用 VR/AR 等沉浸式技术,让受众身临其境地体验故事情境;又如,可以嵌入游戏化元素,调动受众参与互动的积极性。总之,只有不断创新故事内容和呈现方式,才能在信息化时代脱颖而出,吸引受众的持续关注。

五、多媒体与数字故事讲述的实践

(一)实践步骤概述

要有效地讲好中国故事,必须充分发挥多媒体与数字技术的优势。大学生要掌握多媒体故事讲述的基本原理和技巧。这包括理解故事的核心要素(如主题、情节、人物塑造等),以及如何运用图像、视频、音频等多媒体元素来丰富故事内容,增强故事的感染力。可以通过观看案例分析、示范讲解等,领会优秀多媒体故事的特点,掌握讲述技巧。

在此基础上,要熟练运用数字故事制作工具和技术。这既包括文本编辑、图像处理、视频剪辑等基础技能,也包括如何整合多媒体元素(如文本、图像、音频、视频的有机结合),以创作出内容丰富、形式生动的数字故事。可以通过反复实践练习掌握软件操作技巧,提升制作能力。同时,要关注技术应用的关键点,如素材的版权问题、故事节奏的把控等,确保在制作过程中合法合规、有的放矢。

制作完成后,发布与传播策略的选择也至关重要。要针对不同的目标受众和传播目的,选择合适的发布平台,如社交媒体、视频网站、专题网页等。同时,要学会优化关键词、标题、描述等要素,提高故事的搜索曝光率和点击转化率。此外,还要通过交叉推广、互动传播等方式,最大限度地扩大故事的传播范围和影响力,让更多人了解中国故事、感受中国魅力。

(二)实践中的常见问题与解决

在用外语讲好中国故事的实践中,不可避免地会遇到各种挑战和困难。语言表达能力的欠缺、文化背景知识的匮乏、讲述方式的不得当等,都可能成为制约讲好中国故事的因素。面对这些问题,大学生要采取有针对性的策略,不断提升讲述中国故事的能力和水平。

语言表达能力是讲好中国故事的基础。很多大学生在运用外语表达时,常常受到词汇量不足、语法结构单一等因素的限制,导致表述不够准确、流畅和地道。为了克服这一障碍,应在日常学习中注重外语词汇的积累和语法知识的巩固,多阅读优秀的外文材料,模仿和借鉴叙述的表达方式。同时,要勇于开口,多创造用外语交流的机会,在实践中提高语言的表达能力。只有打下扎实的语言基础,才能用准确、生动、富有感染力的外语讲好中国故事。

文化背景知识是讲好中国故事的内在要求。中国故事蕴含着丰富的文化内涵和价值观念,如果讲述者对这些背景知识缺乏了解和把握,就难以准确、深入地阐释故事的内涵,也无法有效地引起听众的共鸣。因此,在讲好中国故事的实践中,大学生要主动学习和积累相关的文化背景知识,深入了解中国的历史、哲学、文学、艺术等方面的内容,体悟中华文化的精髓和价值追求。只有对中国文化有了深刻的认识和理解,才能在讲述中国故事时做到内容充实、脉络清晰、见解独到,真正展现中华文化的独特魅力。

参考文献

[1] 黄慧. 国际传播:用外语讲好中国故事[M]. 北京:北京理工大学出版社,2024.

[2] 李运博,黄慧. 外语教育教学研究.1[M]. 北京:对外经济贸易大学出版社,2021.

[3] 聂晓霞. 中国民间故事双语读物:汉英对照[M]. 贵阳:贵州大学出版社,2022.

[4] 张旭雁. 中国传统节日双语读物:汉英对照[M]. 贵阳:贵州大学出版社,2022.

[5] 王雪梅,郝雯婧. 影视作品讲好中国故事[M]. 重庆:重庆大学出版社,2023.

[6] 本书编写组. 思辨与演讲:用英语讲好中国故事.诗歌[M]. 上海:上海教育出版社,2023.

[7] 铁铮. 中国大学讲好中国故事[M]. 北京:九州出版社,2023.

[8] 孙宜学. 中华文化国际传播与讲好中国故事[M]. 上海:上海三联书店,2023.

[9] 田方,戴运财. 英语演讲理论与实训:如何讲好中国故事[M]. 北京:中国国际广播出版社,2023.

[10] 强月新,王敏. 新闻阅评:地方主流媒体如何讲好中国故事[M]. 武汉:武汉大学出版社,2023.

[11] 国家广播电视总局国际合作司,中国广播电视社会组织联合会,广西广播电视台. 加强国际传播能力建设 讲好中国故事.2021[M]. 北京:新华出版社,2022.

[12] 邓飞,谢费斯,周时梁. 讲好中国故事视域下的思政课教学理论与实践[M]. 郑州:黄河水利出版社,2021.